Sini Raj S.

Sociedades Cooperativas de Comercialização

Sini Raj S.

Sociedades Cooperativas de Comercialização

ScienciaScripts

ÍNDICE DE CONTEÚDOS

Capítulo 1

Introdução.

O conceito de cooperação foi introduzido na Índia nos primeiros anos do século XX, essencialmente como um meio de ajudar as camadas mais pobres da população agrícola a melhorar as suas condições económicas e a sair de um estado de estagnação. A Lei das Sociedades de Crédito Cooperativo de 1904 foi promulgada para permitir a formação de "Cooperativas de Crédito Agrícola" na Índia, sob o patrocínio do Governo. Através da nomeação de conservadores e de uma propaganda vigorosa, o Governo tentou popularizar o movimento nas zonas rurais. Num curto espaço de tempo, o Governo apercebeu-se de algumas das deficiências da lei de 1904 e, por conseguinte, aprovou uma lei mais abrangente, conhecida como Lei das Sociedades Cooperativas de 1912, que previa a constituição de outras sociedades cooperativas para além das de crédito.

O anúncio do movimento cooperativo na Índia ecoou em Kerala. Consequentemente, foram promulgadas leis e regras para libertar os agricultores das garras da dívida e da pobreza. O movimento cooperativo teve início em Travancore após a promulgação da Lei das Sociedades Cooperativas de 1912 e a primeira sociedade cooperativa registada ao abrigo da lei foi a Travancore Central Co- operatives Bank (1915). Posteriormente, foram constituídas várias sociedades primárias.

O movimento cooperativo em Kerala tem uma base sólida e um historial impressionante em termos de estabilidade financeira e de infra-estruturas sólidas. A expansão e o crescimento das cooperativas em diferentes sectores foram fomentados no âmbito de planos de desenvolvimento com iniciativa e financiamento governamentais. Kerala dispõe de uma vasta rede de cooperativas empenhadas em diversas actividades de promoção, como a distribuição de crédito, a comercialização, a transformação de produtos agrícolas, as actividades de consumo, a saúde pública, a educação, os seguros e o desenvolvimento de infra-estruturas.

O desenvolvimento da comercialização cooperativa na Índia está intimamente ligado ao problema do crédito - as reivindicações dos prestamistas inibem geralmente a liberdade de ação do agricultor no escoamento das colheitas. Para o efeito, foi criada uma federação de comercialização cooperativa a nível nacional. A National Agricultural Co-operative Marketing Federation of India Ltd. (NAFED) é uma organização federal de sociedades cooperativas de comercialização de topo a nível estatal na Índia. Foi criada no auspicioso dia de Gandhi Jayanti, a 2 de outubro de 1958, com sede em Nova Deli. A sua principal função é coordenar as actividades das federações estatais e prestar-lhes aconselhamento e orientação técnica.

Em Kerala, existe um padrão de dois níveis com as sociedades de comercialização primárias a nível de taluk e a Federação Estatal de Comercialização como organismo de cúpula a nível estatal. A Kerala State Cooperative Marketing Federation Ltd. (MARKETFED) foi criada com o objetivo principal de melhorar a situação socioeconómica da comunidade agrícola. Foi criada em 24 de dezembro de 1942 como uma loja cooperativa distrital grossista. Em 10 de agosto de 1960, esta sociedade foi elevada a órgão de cúpula das sociedades cooperativas de comercialização, passando a designar-se "The Kerala State Co-operative Marketing Federation Limited" e a sua área de atividade foi alargada a todo o Estado de Kerala. Desde a sua criação como organismo de cúpula para as sociedades cooperativas de comercialização primárias em Kerala, tem-se esforçado por proporcionar melhores facilidades de comercialização aos agricultores de Kerala. Também coordena o trabalho das sociedades cooperativas de comercialização primárias e trabalha em estreita colaboração com os departamentos governamentais responsáveis pela comercialização de produtos agrícolas, factores de produção agrícola, fornecimentos civis, etc.

Ao nível de base, existem sociedades cooperativas de comercialização primárias. Estas sociedades comercializam os excedentes dos produtos dos agricultores membros da zona em causa. Podem ser sociedades de um único produto ou de vários produtos, consoante a produção das culturas na zona em causa. Estão localizadas no mercado grossista primário e o seu campo de operações estende-se à zona de onde provêm os produtos para venda. As sociedades cooperativas de comercialização agrícola, as sociedades cooperativas de comercialização da borracha, as sociedades cooperativas de comercialização de aves de capoeira, as sociedades cooperativas de comercialização da floricultura, as sociedades cooperativas de comercialização em geral e as sociedades cooperativas de comercialização de frutas e produtos hortícolas são algumas das sociedades cooperativas de comercialização.

Para ajudar as camadas mais pobres da população agrícola, foram criadas as sociedades cooperativas de comercialização especiais e as sociedades cooperativas de comercialização gerais. As sociedades cooperativas de comercialização especiais dedicam-se à comercialização de um único produto agrícola. Obtêm o suficiente dos agricultores que produzem esse único produto.

As sociedades cooperativas gerais de comercialização desempenham um papel importante na transformação primária e na comercialização de produtos agrícolas. As sociedades de comercialização cooperativa ocupam-se da comercialização de um grande número de produtos de base produzidos pelos membros. A maior parte das sociedades cooperativas de comercialização em Kerala são deste tipo. Estas sociedades organizam a produção dos agricultores membros e cobram apenas uma comissão normal. Estas sociedades poderiam dar emprego a milhares de pessoas nas zonas rurais e criar uma riqueza nacional substancial.

Declaração do problema.

Apenas algumas Sociedades Cooperativas de Marketing são bem sucedidas no país. Na desafiante economia liberalizada e privatizada, o número de sociedades cooperativas de comercialização com fraco desempenho é substancial. O fraco desempenho das sociedades cooperativas de comercialização não só afecta o nível de vida dos agricultores nas zonas rurais, mas também o rendimento nacional do país.

Os problemas enfrentados pelas sociedades cooperativas de comercialização são diferentes uns dos outros. A maioria das sociedades cooperativas de comercialização não tem capacidade financeira suficiente para satisfazer as necessidades de crédito dos artesãos. O principal problema das cooperativas de comercialização é a inexistência de uma ligação entre a comercialização e o crédito. Já em 1954, o All India Rural Credit Survey Committee tinha feito uma forte recomendação no sentido de associar o crédito à comercialização dos produtos agrícolas. Mas, mesmo após mais de 58 anos, não se registaram grandes progressos na Índia, especialmente nas sociedades cooperativas de comercialização de Kerala.

Tendo de lidar com uma grande variedade de produtos, as Sociedades Gerais de Comercialização Cooperativa debatem-se com o problema da falta de espaço suficiente nos armazéns. Por conseguinte, tentam escoar os produtos logo após a sua chegada, o que resulta em preços mais baixos para os produtores. Esta fraqueza das sociedades de comercialização afectou a segurança alimentar e o rendimento dos membros.

Devido à falta de confiança dos membros nas organizações cooperativas e ao facto de os membros não apoiarem as sociedades, a maioria das Sociedades Comerciais Cooperativas Gerais foi forçada a entrar em liquidação. Assim, a interferência de diferentes partidos políticos, direta ou indiretamente, nos assuntos das sociedades gerais de marketing cooperativo tornou-se o maior obstáculo ao funcionamento das sociedades gerais de marketing cooperativo.

A maior parte das pessoas que residem nas zonas rurais dependem apenas das sociedades cooperativas de comercialização para negociar e esperam demasiado das sociedades cooperativas de comercialização. Por conseguinte, este é um desafio fundamental para as sociedades cooperativas de comercialização. Para criar sociedades cooperativas de comercialização com bom desempenho, é essencial avaliar o desempenho das sociedades existentes e retirar ensinamentos práticos dos seus problemas críticos.

Objectivos do estudo

Trata-se do primeiro inquérito de sempre orientado para os recursos humanos das sociedades cooperativas de marketing em Kerala. Mais especificamente, os objectivos do presente estudo são os seguintes

1. Avaliar o empenhamento dos trabalhadores em relação às sociedades cooperativas de comercialização.
2. Avaliar a satisfação dos membros das sociedades cooperativas de comercialização.
3. Estudar a relação entre o empenhamento dos trabalhadores e a satisfação dos membros.

Hipóteses do estudo

Tendo em conta os objectivos acima referidos, foram formuladas as seguintes hipóteses,

1. Não existe uma diferença significativa entre o empenhamento dos trabalhadores e a classificação por região.
2. Não existe uma diferença significativa entre a satisfação dos membros e a classificação por região.
3. Não existe uma relação significativa entre o empenhamento afetivo e a satisfação dos membros.
4. Não há significância entre o compromisso de continuidade e a satisfação dos membros.
5. Não existe uma relação significativa entre o empenhamento normativo e a satisfação dos membros.

Importância do estudo.

O presente estudo procura principalmente estudar a relação entre o empenhamento dos empregados e a satisfação dos membros das sociedades cooperativas de comercialização. Este estudo centrou-se nas sociedades cooperativas de comercialização de distritos seleccionados de Kerala.

As conclusões e sugestões resultantes deste estudo serão de extrema importância. Serão úteis para os directores das sociedades cooperativas de comercialização, bem como para outras cooperativas que operam em condições semelhantes, para melhorar o seu desempenho através de medidas adequadas e pertinentes. A informação também constituirá uma boa lição para as novas cooperativas a criar e evitará problemas no início.

Além disso, a mesma informação pode ser utilizada pelas cooperativas federais e outras instituições interessadas na criação, desenvolvimento e bom funcionamento das cooperativas agrícolas em Kerala, tornando-as eficientes e eficazes no serviço dos interesses dos membros e permitindo-lhes contribuir para os objectivos de desenvolvimento nacional do país. Este estudo pode ser um bom ponto de partida para outros estudos sobre comercialização agrícola e cooperativas de comercialização. Em suma, esta investigação será útil para as sociedades cooperativas de comercialização, organizações governamentais e não governamentais para a formulação de políticas, planeamento e desenvolvimento das sociedades cooperativas de comercialização no país.

Metodologia

A metodologia que será utilizada para a realização da investigação é a seguinte:

Recolha de dados.

O presente estudo foi efectuado principalmente com base em fontes de dados primárias. Além disso, foram recolhidos dados históricos e informações estatísticas sobre a situação atual das sociedades cooperativas de comercialização através de fontes secundárias. Os dados primários foram recolhidos junto dos inquiridos através do método de entrevista. Os dados secundários também foram recolhidos de livros, revistas, jornais e publicações da União das Cooperativas do Estado.

População do estudo.

A população do estudo será constituída pelas sociedades cooperativas de comercialização de Kerala sob o controlo do Registrar of Co-operative Societies in Kerala. Assim, a população do estudo é de 426 pessoas.

Desenho da amostra.

É utilizado um método de amostragem aleatória estratificada para a conceção da amostra. Os distritos da amostra foram seleccionados com base na cobertura geográfica do Estado. A partir dos distritos seleccionados, selecciona-se uma amostra de sociedades cooperativas de comercialização. Em seguida, das sociedades cooperativas de comercialização seleccionadas, serão seleccionados os membros da amostra.

Seleção dos distritos da amostra.

O Estado de Kerala está dividido em três regiões com base na cobertura geográfica. São elas,

1. Região Sul: Constituída pelos distritos de Thiruvananthapuram, Kollam, Pathanamthitta e Alappuzha.
2. Região central: Constituída pelos distritos de Kottayam, Idukki, Eranakulam, Trissur e Palakkad.

3. Região Norte: Constituída pelos distritos de Malappuram, Kozhikode, Wayanad, Kannur e Kasargode.

Um distrito de cada região é selecionado como distrito de amostra. Assim, o distrito de Thiruvananthapuram, na região sul, Palakkad, na região central, e Malappuram, na região norte, são seleccionados como distritos de amostragem.

Seleção de amostras de sociedades cooperativas de comercialização.

A seleção das sociedades cooperativas de comercialização da amostra é feita com a ajuda da "lista das sociedades cooperativas de Kerala" publicada pela State Co-operative Union, Kerala. Das 81 sociedades cooperativas de comercialização existentes em três distritos da amostra, foram seleccionadas 45 sociedades cooperativas de comercialização para um inquérito pormenorizado. Foi dada igual importância aos três distritos. Assim, foram seleccionadas para o estudo 15 sociedades, cada uma dos distritos de Thiruvananthapuram, Palakkad e Malappuram.

Seleção dos membros da amostra.

Para garantir uma dimensão justificável da amostra, foram seleccionados como inquiridos 5 membros de cada uma das sociedades cooperativas de comercialização de Kerala. Assim, foram seleccionados 225 membros (45*5), dos quais 75 (15*5) de cada um dos três distritos seleccionados de Thiruvananthapuram, Palakkad e Malappuram.

Análise de dados

A análise dos dados foi efectuada com a ajuda do SPSS versão 23. A estatística descritiva, a estatística inferencial como o teste t, a ANOVA, a correlação e a análise de regressão foram as principais ferramentas estatísticas utilizadas neste estudo.

Regime de capitulação.

O estudo é apresentado nos seguintes capítulos:

Capítulo 1: Introdução.

Capítulo 2: Revisão da literatura.

Capítulo 3: Marketing cooperativo - uma panorâmica geral.

Capítulo 4: Análise e discussão dos dados

Capítulo 5: Conclusão.

Capítulo 2

Revisão da literatura

Existem vários estudos realizados por académicos e comissões sobre diversos aspectos das sociedades cooperativas de comercialização.

M .V.Kapde (1979) efectuou um estudo sobre a "Economia das Cooperativas de Comercialização", tendo tomado como base sete sociedades cooperativas de comercialização do distrito de Ajmer, no Rajastão, e salientou que o teste final de uma organização cooperativa de comercialização bem sucedida consiste em assegurar a todos os agricultores membros um preço superior ao oferecido pelos comerciantes privados, para além de prestar um serviço mais eficiente através da transformação dos produtos agrícolas, da concessão de empréstimos em penhor, do fornecimento atempado de produtos agrícolas e de artigos de consumo.

O estudo de caso "The Maharashtra State Cotton Growers Marketing Federation (MSCCGMF) in its attempt to recover co-operative dues", efectuado por Sangeetha Shrroff (2001), afirma que o princípio de associar o crédito cooperativo à comercialização é, idealmente, uma boa solução para recuperar rapidamente as dívidas das cooperativas.

N . Gladstone Joy (2006), no seu estudo intitulado "A Study on the role of State Palmgur and Fibre Marketing Co-operative Federation on promoting Palmgur Industry in Tamil Nadu" (Um estudo sobre o papel da Federação Estatal das Cooperativas de Comercialização de Palmgur e Fibras na promoção da indústria de Palmgur em Tamil Nadu), identificou que o desempenho global das Sociedades Cooperativas de Palmgur em Tamil Nadu é afetado por factores como a rápida recuperação e reembolso dos empréstimos, a assistência financeira recebida por membro e o montante em dívida por membro. Afirmou igualmente que a escassez de fundos, a acumulação de dívidas em atraso, o atraso excessivo na concessão de empréstimos, a falta de envolvimento dos membros, a interferência política e a insatisfação dos membros são os principais problemas funcionais das sociedades cooperativas de Palmgur em Tamil Nadu.

"A Study of Co-operative Marketing in Kashmir with reference to Marketing of Apples" realizado por Khursheed Ahmad Mahajan (1993), trata de uma investigação analítica e aprofundada do marketing cooperativo em geral e do marketing da maçã em particular. A conclusão geral deste estudo é que o sistema cooperativo não conseguiu atingir os seus objectivos no Estado de Jammu e Caxemira. A organização tradicional revelou-se prejudicial aos próprios interesses do sector cooperativo. O atual sistema de marketing cooperativo não só é disfuncional como também deu origem a muitas outras práticas ilícitas. Esperava-se que a exploração dos intermediários na comercialização das maçãs cessasse com a introdução da comercialização cooperativa, mas é motivo de grande preocupação o facto de esta não poder substituir o canal dos comissionistas no comércio das maçãs.

O artigo "Co-operative Marketing: A Lacuna in the Movement", de Vaikunth L. Mehta (1964), foram os principais aspectos que mereceram a atenção das deliberações da conferência dos ministros de Estado da Cooperação, convocada pelo Ministério do Desenvolvimento Comunitário e da Cooperação da União, que teve lugar em Hyderabad. Dos debates da conferência, parece ter surgido um amplo consenso sobre a linha de ação a seguir. Foi dada especial atenção à revitalização das sociedades fracas, tornando-as viáveis e incluindo-as no alargamento do leque das suas actividades aos estratos mais fracos da sociedade rural.

No artigo de R.G.Tiwari (1978) "New Look at Co-operative Marketing[44] ", ele tentou expor que as actividades de apoio formal e informal aos preços, o armazenamento de produtos de base e a distribuição de fornecimentos essenciais a preços razoáveis em zonas de escassez exigirão, nos próximos anos, uma atenção muito maior por parte do sector indiano de marketing cooperativo do que nas duas últimas décadas.

O Dr. B.S. Mathur (1967) efectuou um estudo sobre o tema "Co-operative Marketing: Progress and Problems". Este artigo faz um amplo levantamento da avaliação da comercialização cooperativa na Índia durante a década de 1964 e chega à conclusão de que a fraqueza das cooperativas de crédito, a falta de pessoal de gestão adequado, o apoio inadequado aos primários por parte das sociedades de comercialização de topo, os escassos recursos, o elevado custo de funcionamento, a falta de ligação entre a comercialização e o crédito, a política de empréstimos deficiente e o capital de exploração inadequado das cooperativas de comercialização foram os principais defeitos.

"Of Marketing Co-operatives in the Fifth Plan" é um artigo de V. Malyadri (1972). Este artigo apresenta uma estatística que permite avaliar o desempenho das cooperativas de comercialização na Índia a todos os níveis, ou seja, nacional, estatal, central e primário. Nesta análise final, são identificadas as áreas problemáticas e são também apresentadas algumas soluções positivas para eliminar os estrangulamentos.

N.S.Kulkarni (1968) efectuou um estudo sobre o tema "Marketing Cooperativo". O autor analisa as diferentes causas da sua fraqueza, tais como a fraca base de capital social, a gestão ineficaz, a fraca lealdade dos membros, a ausência de ligação entre crédito e marketing, a falta de cooperação e coordenação entre as sociedades cooperativas a vários níveis.

Navin Chandra Joshi (1977) escreveu um artigo intitulado "Revitalising Co-operative Marketing" no contexto indiano. No seu artigo, foi feita uma tentativa de reunir os problemas das sociedades cooperativas de comercialização a nível primário, da comercialização especializada de produtos de base e das sociedades de comercialização de topo. Este estudo dá uma ideia do potencial que uma sociedade de comercialização bem gerida pode desenvolver para ajudar e reforçar a atividade agrícola.

M.S. Asthana (1967) efectuou um estudo sobre o "Co-operative Agricultural Marketing Development During Third Plan Period". Este artigo apresenta uma análise do desenvolvimento da comercialização agrícola cooperativa em cada Estado da Índia durante o período do terceiro plano, com especial referência ao comércio estatal de cereais alimentares. Também identificou que o progresso da comercialização cooperativa durante o período do terceiro plano continuou a ser desigual em diferentes períodos.

Num estudo intitulado "Failure of Farm Co-operative Marketing Societies: A Case Study in punjab", Pritam Sing (1974), concluiu que a ligação entre o crédito cooperativo e a comercialização cooperativa é essencial para reforçar a estrutura cooperativa.

Rajan Kasyap (1982) efectuou um estudo sobre o tema "MARKFED (The Punjab State Co-operative Supply and Marketing Federation) and Green Revolution". No seu artigo, expressou uma crítica comum à chamada "Revolução Verde": o facto de as técnicas de comercialização e transformação continuarem a ser comparativamente primitivas. Uma instituição como a MARKFED, que está tão intimamente ligada aos interesses do agricultor e que também faz parte da corrente principal da comercialização e transformação agrícolas, não se pode dar ao luxo de ignorar as alterações específicas relativas a insuficiências na contabilidade e no controlo dos armazéns, à deterioração dos produtos devido a más condições de armazenamento e a ineficiências de gestão que conduzem a perdas comerciais e desperdícios evitáveis. Todos estes encargos podem ser resumidos como uma inadequação entre o sistema de produção vegetal e o sistema de comercialização e transformação.

S.Krishna Aiyer e B.Shyam Narayan (1980) efectuaram um estudo sobre o tema "Cooperative Marketing in Kerala". Este estudo faz uma breve avaliação das realizações da comercialização cooperativa primária em Kerala, filiada em duas federações de comercialização, nomeadamente, a Federação de Comercialização Cooperativa do Estado de Kerala e a Federação de Comercialização da Borracha Cooperativa do Estado de Kerala. No quarto plano (1969-1974), as despesas efectuadas com a comercialização e transformação cooperativa foram da ordem de um milhão de rúpias. No entanto, no quinto plano (1974-1978), as despesas nesta área foram consideravelmente reduzidas (57,5 lakhs).

"Local Farm Supply, Marketing Co-operatives Financial Trends: Changes in the 1990s" é um Relatório de Pesquisa do Serviço de Cooperativas de Negócios Rurais de E.Eldon Eversull (1999). Este relatório analisa os balanços e as declarações de rendimentos de 208 cooperativas locais de abastecimento e comercialização agrícola dos EUA, comparando a informação de 1991 a 1997. As declarações de rendimentos e os balanços de dimensão comum são utilizados para comparar e contrastar estas cooperativas.

Alema Woldemariam Atsbaha (2008) efectuou um estudo detalhado sobre o tema "Análise do papel das cooperativas na comercialização de insumos e produtos agrícolas na zona sul de Tigray, Etiópia," Os principais constrangimentos nos serviços de comercialização de insumos e produtos agrícolas prestados pelas cooperativas identificados neste estudo foram: Problema de auditoria atempada (80,90%), falta de formação para os membros e o conselho de administração (68,20%), falta de gestor profissional (66,40%), escassez de capital (66,30%), incapacidade de pagar dividendos aos membros (66,10%), desvio de fundos nas cooperativas (65,40%), pouco empenho e deslealdade dos membros (63.00%), falta de informação atempada sobre o mercado (62,60%), seca recorrente (62,40%), baixa utilização de insumos pelos membros agricultores (62,40%), baixa participação dos membros nos assuntos da cooperativa (61,80%), comité de gestão não qualificado (61,70%), preço elevado dos insumos agrícolas (61,10%) são os constrangimentos muito importantes, entre outros.

O artigo "Prospect for Co-operative Marketing among Surgical Instruments Producers in Pakistan", de Therasa Thompson Chaudhry (2011), baseia-se num inquérito aos produtores de instrumentos cirúrgicos em Sialkot, no Paquistão. Este inquérito abrangeu vários aspectos das interacções do exportador com outras empresas, incluindo as relações com os seus clientes e fornecedores. Uma parte do inquérito incidiu sobre os esforços actuais das empresas em matéria de vendas directas a hospitais e médicos, bem como sobre o interesse das empresas em iniciativas de marketing conjuntas.

No seu artigo "Role of Co-operative Marketing Societies in Agricultural Products in Maharashtra", Pratab Bapuso Lad (2013) concluiu que as Sociedades Cooperativas de Comercialização em Maharashtra concedem crédito aos agricultores para os poupar da necessidade de vender os seus produtos imediatamente após a colheita. Assegura melhores rendimentos aos agricultores.

As sociedades cooperativas de comercialização dispõem geralmente de instalações de armazenamento. Assim, os agricultores podem esperar por melhores preços e os seus produtos estão fora do perigo das chuvas, dos roedores e dos roubos. O transporte a granel dos produtos agrícolas pelas sociedades é frequentemente mais fácil e mais barato, o que reduz o custo e o incómodo do transporte dos produtos para o mercado.

Sunil Varghese (2012), no seu artigo intitulado "Challenges and Opportunities of Cooperative Marketing With Respect To Small Rubber Growers in Kerala" (Desafios e oportunidades do marketing cooperativo no que diz respeito aos pequenos produtores de borracha em Kerala), salientou que o declínio da rentabilidade das culturas, a escassez de trabalhadores agrícolas, os aumentos anormais dos preços dos terrenos e a elevada taxa de conversão de terrenos agrícolas para outras utilizações são os principais problemas do sector agrícola do Estado.

"Rural Cooperative Marketing Management Efficiency in the Era of Globalization: A Synthesis of Case Studies of F&V Marketing", de Deepak Shah (2006), aborda dois estudos de caso seleccionados e trata igualmente do êxito e do fracasso das sociedades cooperativas de comercialização de frutas. A NCFSS (Nahvi Co-operative Fruit Sale Society), que se revelou bem sucedida, situava-se em Yaval taluka e a KGFSS (Khanapur Group Fruit Sale Cooperative Society), que se revelou um fracasso, situava-se em Raver taluka, no distrito de Jalgaon, em Maharashtra. Concluiu que a KGFSS não tinha um bom domínio do estudo das forças de mercado ou era ineficaz devido aos seus próprios problemas internos de gestão da sociedade ou aos seus interesses pessoais no funcionamento da sociedade. O KGFSS não é capaz de criar aliados para exercer pressão no sentido de salvaguardar e promover os seus próprios interesses e os interesses dos seus membros, ao passo que o NCFSS é bastante bem sucedido nessas actividades de pressão e promoção de interesses.

"The Role of NAFED in the Agricultural Development in India" de Harshit Sinha (2012) é um estudo normativo centrado na constituição da NAFED, nos princípios da NAFED, no estudo crítico da gestão da NAFED, nos desafios enfrentados pela NAFED e na análise crítica do papel da NAFED no desenvolvimento agrícola da Índia.

A tese preparada por Demeke Tilahun (2007), intitulada: "Performance of Coffee Marketing Co-operatives and Members' Satisfaction in Dale District, Southern Ethiopia", e os resultados do estudo mostram que as cooperativas eram ineficientes tanto na sua gestão empresarial como no tratamento dos membros, o que levou à insatisfação dos membros como clientes.

O relatório de pesquisa do Serviço de Cooperativas Agrícolas intitulado "Cooperative Grain Marketing: Changes, Issues, and Alternatives" por Marc Warman (1994)[23] resumiu que para construir o sucesso futuro, as cooperativas nos EUA devem estar dispostas a considerar a mudança, ser imaginativas e criativas, e assumir um papel de liderança. Para além disso, as cooperativas devem reexaminar o seu papel tradicional para determinar o que é único e aplicável hoje em dia e depois aproveitar as oportunidades do mercado.

Xiangyu Guo, Brian Henehan, e Todd Schmit (2007), um documento apresentado no tópico "Rural Supply and Marketing Cooperatives in China: Historical Development, Problems and Reform". Os autores descrevem o desenvolvimento histórico e o desempenho das cooperativas de abastecimento e comercialização (SMC) em relação a vários períodos de reforma. São identificados e discutidos três períodos de reforma, nomeadamente, 1949-1957, 1958-1981 e 1982-2007. A descrição das conclusões do estudo é a seguinte: as PME sofreram uma perda de atenção aos membros, bem como do controlo dos membros durante vários períodos de reforma, e registaram um declínio do desempenho financeiro durante o período de reforma mais recente. A quota de mercado na compra e comercialização de produtos agrícolas diminuiu de 36% em 1954 para apenas 2% em 2006. Um endividamento historicamente pesado aumentou para mais de 20 mil milhões de yuan em 1995, o que resultou em encargos com o pagamento de juros para muitas PME. No total, as PME chinesas registaram perdas financeiras durante oito anos consecutivos, de 1992 a 2000, com um pico em 1997, com perdas de 70,2 mil milhões de yuan. A taxa de rendibilidade dos investimentos (ROI) diminuiu de 25% durante o período de desenvolvimento vigoroso e saudável em 1949 para apenas 10% em 1957. A rendibilidade dos investimentos continuou a diminuir, passando de 8% para 5% durante o período de 1958 a 1981, e voltou a diminuir para apenas 4% de 1982 a 1988. São apresentados vários factores relacionados com este declínio, incluindo: reformas ineficazes, falta de responsabilidade e transparência, atenção limitada às necessidades dos membros, uma imagem negativa das cooperativas e uma má compreensão das práticas contemporâneas de gestão e governação das cooperativas.

"Acordos de Marketing Cooperativo: Legal Considerations" de John D. Reilly (1992) é um relatório de investigação do Agricultural Co-operative Service. Este relatório centra-se nas características jurídicas dos acordos de comercialização das cooperativas. Reilly concluiu que não existe uma estratégia ou formato único que seja adequado para todas as cooperativas que utilizam um acordo de comercialização.

O trabalho de investigação de A.D.Bekele e G.B.Pillai (2010) intitulado "Necessidades de formação dos membros das cooperativas de comercialização de lacticínios na Etiópia". Os resultados sugerem que os decisores políticos e os profissionais das cooperativas devem insistir na adoção de uma abordagem de formação cooperativa participativa e que esta deve ser implementada para aumentar a motivação, o sentido de propriedade e a responsabilidade partilhada entre todas as partes interessadas das cooperativas.

O artigo "Net Income Effects of Co-operative Peanut Marketing in Haiti", de Lumane Pluviose-Claude e Cathy A. Smith (1992), resumiu: A disponibilidade de mão de obra foi um fator determinante significativo do rendimento líquido. A contratação de mão de obra afectou negativamente o rendimento líquido quando comparado com a mão de obra familiar. Os agricultores que possuíam algumas terras na planície registaram um rendimento líquido superior ao dos agricultores que possuíam todas as terras de montanha. Os agricultores que possuíam terras erodidas estavam em desvantagem de rendimento líquido quando comparados com os agricultores com algumas terras férteis.

S . Lemeilleur, C. Bignebat e JM. Cordon (2007), documento preparado para apresentação na I[st] Mediterranean Conference sobre o tema "Marketing Cooperative vs Producer's Agent: The Turkish Dilemma in Modern FFV Market" O objetivo deste artigo é duplo: O primeiro é desenvolver um quadro teórico unificado. Nesta parte, o foco principal é a comparação dos custos incorridos pelos produtores quando decidem comercializar os seus produtos através de um agente privado ou através de uma cooperativa de comercialização. Em segundo lugar, analisar a evolução recente do sector das frutas e produtos hortícolas frescos na Turquia. Os autores concluíram que a tentativa simultânea de promover as cooperativas tradicionais como canais alternativos acabou por ser menos bem sucedida: a pequena dimensão, a falta de financiamento e a escassez de competências dificultaram o seu desenvolvimento.

Relatório de Pesquisa da ACS, "Cooperative Marketing Agencies-in-Common" por Bruce J. Reynolds (1994), apenas pouca atenção foi dada à definição adequada dos MACs em termos de como eles diferem de outras formas de organização, particularmente de outras cooperativas federadas. Ele descobriu que os MACs são governados numa estrutura de múltiplos mandantes, em contraste com a habitual relação generalizada de mandante-agente único que prevalece na maioria das formas cooperativas de organização.

Através de "A Study on the Co-operative Marketing With reference of Chhattisgarh Markfed Ltd", Anil Kumar Soni e Dharmender Singh (2013) tentam analisar os principais indicadores de desempenho da Chhattisgarh Markfed. Os resultados empíricos mostram um desempenho positivo e satisfatório da Chhattisgarh Markfed.

Capítulo 3

Marketing cooperativo - Uma visão geral

Conceito de marketing cooperativo

O termo "marketing cooperativo" é composto por duas palavras - "cooperativa" ou "cooperação" e "marketing".

Cooperação

A cooperação deriva da palavra latina "co-operi". Co' significa "com" e 'operi' significa "trabalhar". O termo cooperação tem dois significados. No sentido literário, significa "trabalhar em conjunto", que encontramos em todas as formas de negócios ou outras organizações, por exemplo, uma sociedade anónima. No entanto, no sentido técnico, significa trabalhar em conjunto para um determinado fim económico, mas com base em certos princípios básicos que o diferenciam de outras formas de organização. As organizações cooperativas não são meras combinações económicas, mas têm alguns valores mais elevados incorporados nelas. Enquanto a ideia de algumas outras combinações económicas é a exploração de outros, nas cooperativas reside a ideia de autoajuda, ajuda mútua e defesa dos pobres contra os ricos. O princípio básico da cooperação é o de que um indivíduo isolado e sem poder pode, em associação com outros e através do desenvolvimento moral e do apoio mútuo, obter, no seu próprio grau, as vantagens materiais de que dispõem as pessoas ricas ou poderosas, desenvolvendo-se assim ao máximo das suas capacidades mútuas.

Marketing

A outra palavra, "Marketing", deriva da palavra latina "Marketus", que significa negociar. Marketing, neste sentido, significa o ato ou a técnica de comprar e vender. Assim, o marketing engloba funções de troca, como a venda (criação de procura) e a compra (montagem e dispersão), bem como funções facilitadoras como o armazenamento e o transporte, a normalização, o financiamento, a assunção de riscos, os estudos de mercado, etc. Estas funções são executadas uma ou mais vezes no decurso do fluxo de mercadorias dos produtores para os consumidores. Nos países em desenvolvimento, a comercialização é o mais importante multiplicador do desenvolvimento económico. O marketing ajuda a proporcionar um certo nível de vida aos membros da sociedade. Neste sentido, o marketing é muito mais do que uma operação de venda. Transforma-se de uma arte baseada na mera experiência e competência numa profissão baseada num corpo de conhecimentos sistematizado, com o objetivo de criar clientes e satisfazer as necessidades humanas da sociedade.

Marketing cooperativo

A comercialização cooperativa é a comercialização para os produtores e pelos produtores, que tem por objetivo eliminar a cadeia de intermediários que operam entre o produtor e o consumidor final, assegurando assim o preço máximo para os seus produtos.

Objectivos do marketing cooperativo

Os objectivos das sociedades cooperativas de comercialização são os seguintes

1. Incentivar a autoajuda, a poupança e a cooperação entre os membros.

2. Difundir o conhecimento dos princípios cooperativos e da sua realização.

3. Comprar diretamente aos seus membros todos os tipos de produtos agrícolas ou mandar comprar / adquirir produtos agrícolas pertencentes aos membros ou adquiridos a outras sociedades ou a quaisquer outros mercados

4. Vender os produtos agrícolas assim comprados (transformados, armazenados e classificados com base na natureza do produto) aos consumidores/outras sociedades cooperativas/federação/federação/no caso de a fonte acima referida não estar disponível diretamente a outros organismos, numa base mutuamente acordada.

5. Adquirir sementes, mudas, fertilizantes, adubos, implementos e outras necessidades agrícolas para venda a membros individuais e sociedades afiliadas, de acordo com os pedidos recebidos dos mesmos.

6. Aluguer de armazéns, estaleiros de transformação e instalações próprios para facilitar a armazenagem, a transformação e a venda dos produtos dos membros.

7. Abrir depósitos/filiais de compra e venda na área de operação da sociedade para o desenvolvimento de actividades comerciais.

8. Propriedade ou aluguer de veículos para transporte de produtos e outros bens.

9. Atuar como agentes das sociedades de crédito primárias filiadas para a recuperação de empréstimos à produção concedidos por estas aos seus membros.

10. Agir como agente do governo ou de qualquer outra instituição de cúpula para a execução de actividades de desenvolvimento e de programas de extensão.

11. Realizar actividades como a abertura de pontos de venda a retalho para a distribuição de bens de consumo e bens duradouros, lojas Neethi, serviços médicos Neethi, postos de abastecimento de combustível, etc., aos seus membros e ao público em geral, com vista a um desenvolvimento global.

12. Concede empréstimos aos seus membros com base na garantia dos seus produtos agrícolas.

13. Obter fundos através de depósitos e empréstimos dos seus membros, de terceiros e de instituições financeiras, se necessário, para a realização das actividades acima referidas.

14. Realizar quaisquer outras actividades que sejam incidentais ou conducentes à consecução dos objectivos acima referidos.

Estrutura das sociedades cooperativas de comercialização

Na Índia, a estrutura de comercialização das cooperativas é constituída por plataformas de dois e três níveis. Nos Estados de Assam, Bihar, Kerala, Madhya Pradesh, Karnataka, Orissa, Rajasthan e Bengala Ocidental, existe uma estrutura de dois níveis com as sociedades cooperativas de comercialização primárias a nível de taluk e a Federação Estatal de Comercialização como organismo de cúpula a nível estatal. Noutros Estados, existe uma estrutura de três níveis, com sociedades cooperativas de comercialização centrais/distritais entre as sociedades cooperativas de comercialização primárias e a federação estatal de comercialização.

1. A nível nacional - Federação Nacional das Cooperativas Agrícolas de Comercialização

A National Agricultural Co-operative Marketing Federation of India Ltd. (NAFED) é a organização a nível nacional das sociedades de comercialização na Índia. Foi criada em 2 de outubro de 1958. A NAFED está registada ao abrigo da Multi State Co-operative Societies Act. Foi criada com o objetivo de promover a comercialização cooperativa de produtos agrícolas em benefício dos agricultores. O NAFED tem por objetivo organizar, promover e desenvolver a comercialização, a transformação e o armazenamento de produtos agrícolas, hortícolas e florestais, a distribuição de máquinas agrícolas, de alfaias e de outros factores de produção, o comércio interestatal, de importação e de exportação, por grosso ou a retalho, consoante o caso, e a prestação de assistência técnica no domínio da produção agrícola para a promoção e o funcionamento dos seus membros e das sociedades cooperativas de comercialização, transformação e abastecimento na Índia. Para a prossecução destes objectivos, o NAFED pode realizar uma ou mais das seguintes actividades

1. Facilitar, promover e coordenar as actividades de comercialização e de negociação das instituições cooperativas em matéria de produtos agrícolas e outros produtos de base, artigos e mercadorias.

2. realizar ou promover o comércio de importação e exportação inter e intra-estatal.

3. efetuar a compra, a venda e o fornecimento de produtos agrícolas.

4. atuar como armazenista ao abrigo da lei relativa aos armazéns e possuir e construir os seus próprios armazéns e câmaras frigoríficas.

5. atuar como agente de qualquer agência governamental ou instituição cooperativa, para a

compra, venda, armazenamento e distribuição de bens agrícolas e de consumo.

6. Atuar como agente de seguros e efetuar todas as operações acessórias.

7. empreender o fabrico de máquinas e utensílios agrícolas.

8. criar unidades de armazenagem para armazenar vários produtos e mercadorias, por si só ou em colaboração com qualquer outro organismo na Índia ou no estrangeiro.

9. manter unidades de transporte próprias ou em colaboração com qualquer outra organização na Índia ou no estrangeiro para a circulação de mercadorias por via terrestre, marítima, aérea, etc.

10. efetuar estudos de mercado e divulgar informações sobre o mercado.

11. subscrever o capital social de outras instituições cooperativas.

12. organizar a formação dos trabalhadores das sociedades cooperativas de comercialização e de transformação.

13. Criar unidades de transformação para a transformação de produtos agrícolas, hortícolas e florestais e de lã;

14. Proceder à classificação, embalagem e normalização dos produtos agrícolas e outros artigos;

15. adquirir, tomar em locação ou aluguer, terrenos, edifícios, instalações e veículos e vendê-los, cedê-los em locação ou aluguer para as actividades da NAFED.

16. conceder empréstimos aos seus membros e a outras instituições cooperativas, com ou sem garantia de bens;

2. A nível estatal - Federação das Cooperativas de Comercialização do Estado

As Federações Estaduais de Comercialização (STATEFEDs) são outra instituição que presta serviços valiosos na expansão e reforço da comercialização cooperativa no país. Como o próprio nome sugere, uma Federação Estatal de Comercialização é uma instituição a nível estatal que funciona como órgão federal das sociedades cooperativas de comercialização centrais ou distritais nalguns Estados ou das sociedades cooperativas de comercialização primárias nos restantes Estados.

A Federação de Comercialização do Estado de Kerala, conhecida como Market Fed, foi criada em 1942 como loja cooperativa distrital grossista e convertida num organismo de cúpula em 1960, tendo todo o Estado como área de operação. Desde a sua criação como organismo de cúpula para as sociedades cooperativas de comercialização primária em Kerala, tem-se esforçado por proporcionar melhores facilidades de comercialização aos agricultores do Estado, preços justos para os seus produtos, compra direta dos produtos sempre que necessário para estabilizar o mercado de produtos, eliminação de intermediários e intermediários, fornecimento ininterrupto de factores de produção agrícola a preços justos e em condições de pagamento fáceis e, finalmente, exploração e estabelecimento de mercados de exportação para produtos agrícolas.

Algumas funções importantes que são normalmente desempenhadas pelas Federações Estaduais de Marketing são as seguintes

1. facilitar, promover e coordenar as actividades comerciais e de marketing das sociedades membros;
2. realizar operações de marketing direto em nome das sociedades membros;
3. empreender, por si só ou em nome das suas instituições-membro ou das organizações governamentais, o comércio interestatal e intra-estatal;
4. nomear agentes em várias partes de um Estado ou fora das fronteiras de um Estado, para efeitos de comércio interestatal e/ou intra-estatal;
5. efetuar a compra, venda e distribuição de alfaias agrícolas;
6. atuar como agente do NAFED, do NCDC, do TRIFED ou de qualquer outra agência cooperativa para a compra, venda, armazenagem e distribuição de produtos agrícolas, hortícolas, florestais e pecuários;
7. ajudar as sociedades membros a realizar obras de desenvolvimento como a construção de armazéns, a criação de unidades de transformação, etc;
8. Ajudar as sociedades membros a tomar medidas para a classificação e normalização dos produtos agrícolas;
9. atuar como armazenista ao abrigo da lei relativa aos armazéns e possuir e construir os seus próprios armazéns para este efeito;
10. providenciar o transporte rápido, suave e económico dos produtos das associações-membro;
11. organizar a recolha e a divulgação de informações sobre o mercado em benefício das cooperativas membros e também dos vendedores de produtos em geral;
12. manter uma ligação estreita com o governo, o semi-governo e outros organismos públicos envolvidos na venda, compra, comercialização e distribuição de produtos agrícolas e dos factores de produção agrícola.

3. Nível central/distrital -Sociedades regionais de marketing

As sociedades centrais de comercialização ou as sociedades distritais de comercialização constituem o nível intermédio da estrutura de comercialização cooperativa na Índia. A sua principal função é comercializar os produtos trazidos para venda pelas sociedades cooperativas de comercialização primárias da zona. Estas sociedades estão situadas nos mercados grossistas secundários e oferecem geralmente um melhor preço pelos produtos. As sociedades cooperativas de comercialização primárias são membros destas sociedades, para além dos agricultores individuais.

Objectivos e funções

1. Coordenar as funções das sociedades de comercialização primárias no que respeita à

comercialização dos produtos agrícolas e à distribuição dos factores de produção agrícola e dos bens de consumo;

2. Organizar a venda dos produtos a compradores fora dos distritos em que operam as sociedades de comercialização primárias; e

3. Para efetuar o tratamento, se necessário.

4. Nível de base - sociedades de comercialização primárias

As sociedades cooperativas de comercialização primárias estão na base da estrutura de comercialização cooperativa. Estas sociedades comercializam os produtos dos agricultores membros da zona em causa. Podem ser sociedades de um único produto ou de vários produtos, consoante a produção das culturas na zona em causa. Estão localizadas no mercado grossista primário e o seu campo de operações estende-se à zona de onde provêm os produtos para venda.

Os objectivos e as funções das sociedades de comercialização primárias são os seguintes

1. preparação dos produtos para o mercado por meio de seleção, calibragem e acondicionamento; e

2. para transportar os produtos das residências, explorações agrícolas ou armazéns dos membros para o mercado;

3. para incentivar os membros a cultivar variedades melhoradas e normalizadas de produtos;

4. aceitar depósitos e contrair empréstimos junto dos bancos centrais cooperativos em que está filiado

5. conceder empréstimos aos membros com a garantia dos seus produtos;

6. alugar ou possuir armazéns, instalações de transformação e câmaras frigoríficas para facilitar a armazenagem, a transformação e a venda de mercadorias;

7. para transformar matérias-primas pertencentes aos membros ou adquiridas pela sociedade;

8. produzir e fornecer aos membros fertilizantes, adubos, sementes, alfaias, etc., bem como as necessidades domésticas essenciais;

9. atuar como agente do Estado na aquisição de produtos agrícolas e no fornecimento dos requisitos essenciais da produção agrícola;

10. incentivar a poupança, a autoajuda e a cooperação entre os seus membros;

11. trabalhar em colaboração com o banco cooperativo central e com as sociedades cooperativas de crédito rural, de modo a estabelecer uma ligação entre a concessão de crédito e a comercialização;

12. agir como armazenista ao abrigo da Lei dos Armazéns; e

13. empreender todas as outras actividades previstas para promover os objectivos da sociedade.

Capítulo 4

Análise e discussão dos dados

Uma sociedade cooperativa de comercialização só será forte e eficaz se o pessoal que nela trabalha for forte. Devido à fraqueza do pessoal das sociedades cooperativas de comercialização, estas não podem atingir o nível de desempenho esperado. O programa de desenvolvimento dos recursos humanos é o primeiro e principal requisito para o bom funcionamento das sociedades cooperativas de comercialização. A satisfação dos membros é o principal objetivo das sociedades comerciais cooperativas. A satisfação dos membros é um termo que mede a forma como os bens e serviços fornecidos pela sociedade comercial cooperativa satisfazem as expectativas dos membros. A satisfação dos membros é possível através de um melhor desempenho dos empregados que trabalham nas sociedades cooperativas de comercialização. Por conseguinte, é essencial avaliar a relação entre o empenhamento dos trabalhadores no trabalho das sociedades cooperativas de comercialização e a satisfação dos membros com os vários serviços prestados pelas sociedades cooperativas de comercialização.

Compromisso dos trabalhadores

O empenhamento dos trabalhadores é definido como a ligação emocional positiva do trabalhador à organização. Meyer e Allen definiram o empenhamento como a componente "desejo" do empenhamento organizacional. Um colaborador afetivamente empenhado identifica-se fortemente com os objectivos da organização e deseja continuar a fazer parte da mesma.

Quadro 1

Compromisso dos trabalhadores para com as sociedades cooperativas gerais de marketing com pontuação média e teste de significância

Employees Commitment	Mean	S D	t value	Sig.
Maintaining proper communication with members	3.099	1.319	46.090	0.000
Reduce operational cost up to minimum	3.223	1.257	50.314	0.000
Reports employees grievance to the board at the right time	2.829	1.149	48.316	0.000

Employees take initiative to do work with the society as their own	2.694	1.275	41.465	0.000
Propagating co-operatives values and principles among members	3.327	1.552	42.070	0.000
Make sure the quality of the goods supplied	4.416	0.981	88.323	0.000
Keep linkage between primaries and apex	3.909	1.463	52.430	0.000
Impart knowledge of the use of modern methods	4.795	0.404	232.661	0.000

Fonte: Dados do inquérito

A partir da tabela acima, pode identificar-se que o valor médio mais elevado foi obtido pelas variáveis como transmitir conhecimentos sobre a utilização de métodos modernos (4,795), seguido de assegurar a qualidade dos bens fornecidos (4,416), manter a ligação entre os primários e o topo (3.909), propagar os valores e princípios da cooperativa entre os membros (3,327), reduzir os custos operacionais ao mínimo (3,223), manter uma comunicação adequada com os membros (3,099), comunicar as queixas dos trabalhadores à direção no momento oportuno (2,829) e os trabalhadores tomam a iniciativa de trabalhar para a sociedade como se fossem seus (2,694). As variações em termos de opinião em todas as variáveis parecem ser de 0,000, abaixo do nível de significância quando o teste t é aplicado.

Para identificar as inter-relações que existem entre um grande número de variáveis, foi utilizada a análise fatorial. A análise fatorial é um método de redução de dados que reduz todas as variáveis a um pequeno número de componentes principais. O passo seguinte consiste em determinar se os dados recolhidos são adequados ou não para proceder à análise fatorial. O teste de Kaiser Meyer Olkin (KMO) e o teste de Bartlett foram utilizados para medir a adequação da amostragem.

Quadro 2

KMO e teste de Bartlett para medir a adequação da amostragem

Kaiser-Meyer-Olkin Measure of Sampling Adequacy.		.621
Bartlett's Test of Sphericity	Approx. Chi-Square	1120.600
	df	28
	Sig.	.000
a. Based on correlations		

Fonte: Dados do inquérito

O valor de KMO (0,621) do quadro acima mostra que a amostragem é adequada para proceder à análise dos factores. O valor p do teste de esfericidade de Bartlett é 0,000. Isto significa que a significância é inferior a 0,05.

Quadro 3

Comunalidades - Compromisso dos trabalhadores

Employees Commitment	Initial	Extraction
Maintaining proper communication with members	1.000	.681
Reduce operational cost up to minimum	1.000	.878
Reports employees grievance to the board at the right time	1.000	.815
Employees take initiative to do work with the society as their own	1.000	.849
Propagating co-operatives values and principles among members	1.000	.560
Make sure the quality of the goods supplied	1.000	.772
Keep linkage between primaries and apex	1.000	.581
Impart knowledge of the use of modern methods	1.000	.628

Fonte: Dados do inquérito

O quadro 3 mostra claramente os valores das comunalidades de extração para cada variável que representa o empenho dos trabalhadores nas sociedades cooperativas de comercialização. A partir do quadro, pode observar-se que, de acordo com os membros das sociedades cooperativas de comercialização, o valor de extração mais elevado para o fator "reduzir ao mínimo os custos operacionais" foi de 0,878. O valor de extração mais baixo para o fator propagar os valores e princípios cooperativos entre os membros foi de 0,560.

Quadro 4

Variância total explicada

Component	Initial Eigenvalues[a]			Extraction Sums of Squared Loadings			Rotation Sums of Squared Loadings		
	Total	% of Variance	Cumulative %	Total	% of Variance	Cumulative %	Total	% of Variance	Cumulative %

Maintaining proper communication with members	4.365	35.231	35.231	2.767	34.583	34.583	2.381	29.762	29.762
Reduce operational cost up to minimum	2.711	21.876	57.107	1.677	20.964	55.547	1.725	21.567	51.329
Reports employees grievance to the board at the right time	2.173	17.535	74.642	1.319	16.492	72.038	1.657	20.710	72.038
Employees take initiative to do work with the society as their own	1.081	8.725	83.367						
Propagating co-operatives values and principles among members	.783	6.317	89.684						
Make sure the quality of the goods supplied	.613	4.946	94.630						
Keep linkage between primaries and apex	.429	3.460	98.090						
Impart knowledge of the use of modern methods	.237	1.910	100.000						

Fonte: Dados do inquérito

A variância total explicada indica a quantidade de variabilidade que foi modelada pelos factores extraídos dos dados. O quadro acima indica os factores com valores de eigen superiores a um. Há três factores derivados da análise. A percentagem cumulativa obtida a partir das Somas de Extração de Cargas Quadradas indica que, com a ajuda de apenas um fator extraído, é possível explicar 34,5 por cento da variância. Se for considerado o segundo fator, é possível identificar 20,9 por cento da variância. Quando se considera o terceiro fator, é possível explicar 16,49% da variância.

Quadro 5

Matriz de componentes

Factors	Component		
	1	**2**	**3**
Maintaining proper communication with members	.617	.312	-.450
Reduce operational cost up to minimum	-.052	.133	.926
Reports employees grievance to the board at the right time	.882	.025	.190
Employees take initiative to do work with the society as their own	.831	.374	-.138
Propagating co-operatives values and principles among members	.716	-.211	-.044
Make sure the quality of the goods supplied	.009	.871	.118
Keep linkage between primaries and apex	-.109	-.700	.281
Impart knowledge of the use of modern methods	-.054	.421	-.669

Fonte: Dados do inquérito

O quadro 5 ilustra os três componentes extraídos pela matriz de componentes rodados. É evidente que a correlação relativa entre os factores varia de forma intercambiável. Através desta análise, as variáveis inter-relacionadas são agrupadas num único fator. O quadro 6 indica claramente os pormenores relativos ao agrupamento dos factores. Todos os grupos satisfazem as condições do modelo de três componentes de Meyer e Allen (1991). As três componentes são o compromisso afetivo, o compromisso de continuidade e o compromisso normativo.

Quadro 6

Classificação dos componentes em factores

Factor	Value
Affective Commitment	
Maintaining proper communication with members	.617
Reports employees grievance to the board at the right time	.882
Employees take initiative to do work with the society as their own	.831
Propagating co-operatives values and principles among members	.716
Continuance Commitment	
Make sure the quality of the goods supplied	.871
Impart knowledge of the use of modern methods	.421
Normative Commitment	
Reduce operational cost up to minimum	.926
Keep linkage between primaries and apex	.281

Fonte: Dados do inquérito

Pode observar-se no quadro 6 que os factores como manter uma comunicação adequada com os membros, comunicar as queixas dos trabalhadores ao conselho de administração no momento certo, os trabalhadores tomarem a iniciativa de trabalhar com a sociedade como se fossem seus e propagar os valores e princípios das cooperativas entre os membros são abrangidos pelo principal fator de empenhamento afetivo. Do mesmo modo, factores como a garantia da qualidade dos bens fornecidos e a transmissão de conhecimentos sobre a utilização de métodos modernos são abrangidos pelo segundo fator principal, o compromisso de continuidade. Os restantes factores, como a redução ao mínimo dos custos operacionais e a manutenção da ligação entre os níveis primário e superior, são abrangidos pelo terceiro fator principal, o compromisso normativo. Os factores de valor elevado e de valor reduzido são abrangidos pelo compromisso normativo.

Quadro 7

Classificação por região

Region	Mean	SD	F	Sig.
Southern Region	3.513	0.1942		
Central Region	3.571	0.3385	38.349	0.000
Northern Region	3.278	0.2292		

Fonte: Dados do inquérito

A partir da classificação por região, pode inferir-se que o empenhamento dos trabalhadores em relação às sociedades na região Centro é o mais elevado (valor médio de 3,571), o empenhamento dos trabalhadores em relação às sociedades na região Sul é moderado (valor médio de 3,513) e o empenhamento dos trabalhadores em relação às sociedades na região Norte (3,278) é o mais baixo. A fim de avaliar qualquer variação ocorrida nestas categorias, é utilizado o teste ANOVA. O nível de significância da ANOVA é de 0,000, ou seja, abaixo do nível de significância. Por conseguinte, rejeita-se a hipótese nula de que não existe uma diferença significativa entre o empenhamento dos trabalhadores e a classificação por região.

Satisfação dos membros

Os membros são o fator-chave de qualquer sociedade cooperativa de comercialização. Nenhuma sociedade cooperativa de comercialização pode prosperar sem o apoio dos seus membros. A satisfação dos membros é um termo que mede a forma como os serviços prestados por uma sociedade comercial cooperativa satisfazem ou ultrapassam as expectativas dos membros.

Quadro 8

Satisfação dos membros relativamente ao funcionamento das sociedades cooperativas de comercialização com a pontuação média e o teste de significância

Satisfaction of Members	Mean	S D	t value	Sig.
Satisfaction regarding to the improvement in standard of living	4.065	1.02	78.209	0.000
Satisfaction with regard to communication with members	2.777	1.437	37.917	0.000
Satisfaction with regard to working hours	3.384	1.374	48.326	0.000
Satisfaction with regard to saving scheme of the society	3.434	1.411	47.749	0.000

Satisfaction with regard to election procedure adopted by the society	4.184	1.087	75.517	0.000
Satisfaction with regard to quality of workmanship	3.652	1.308	54.767	0.000
Satisfaction with regard to decision making of board	3.182	1.149	54.319	0.000
Satisfaction with regard to location of the society	3.538	1.092	63.58	0.000
Satisfaction with regard to location of the society	2.610	1.262	40.587	0.000
Satisfaction with regard to business operations carried out by the society	3.000	1.252	47.013	0.000
Satisfaction with regard to co-operation among employees	3.618	1.304	54.447	0.000
Satisfaction with regard to political participation	3.294	1.515	42.644	0.000
Satisfaction with regard to grievance handling system	3.803	1.191	62.63	0.000

Fonte: Dados do inquérito

Pode observar-se na tabela acima que a satisfação em relação ao processo eleitoral adotado pela sociedade é a mais elevada (a pontuação média é de 4,184), seguida da satisfação em relação à melhoria do nível de vida (4,065), da satisfação em relação ao sistema de tratamento de queixas (3,803), da satisfação em relação à qualidade do trabalho (3,652), da satisfação em relação à cooperação entre empregados (3,618), da satisfação em relação à localização da sociedade (3.538), satisfação em relação ao plano de poupança da sociedade (3,434), satisfação em relação ao horário de trabalho (384), satisfação em relação à participação política (3,294), satisfação em relação à tomada de decisões do conselho de administração (3,182), satisfação em relação às operações comerciais efectuadas pela sociedade (3,000), satisfação em relação à comunicação com os membros (2,777) e satisfação em relação à localização da sociedade (2,610). As variações em termos de opinião relativamente a todas as variáveis parecem ser de 0,000, abaixo do nível de significância quando o teste t é aplicado.

Para identificar as inter-relações que existem entre um grande número de variáveis, foi utilizada a análise fatorial. A análise fatorial é um método de redução de dados que reduz todas as variáveis a um pequeno número de componentes principais. O passo seguinte consiste em determinar se os dados recolhidos são adequados ou não para preceder a análise de factores. O teste de Kaiser Meyer Olkin (KMO) e o teste de Bartlett foram utilizados para medir a adequação da amostragem.

Quadro 9

KMO e teste de Bartlett para medir a adequação da amostragem

Kaiser-Meyer-Olkin Measure of Sampling Adequacy.		.502
Bartlett's Test of Sphericity	Approx. Chi-Square	3225.858
	df	78
	Sig.	.000

Fonte: Dados do inquérito

O valor de KMO (0,502) do quadro acima mostra que a amostragem é adequada para proceder à análise dos factores. O valor p do teste de esfericidade de Bartlett é 0,000. Isto significa que a significância é inferior a 0,05.

Quadro 10

Comunalidades - Satisfação dos membros

Members Satisfaction	Initial	Extraction
Satisfaction regarding to the improvement in standard of living	1.000	.761
Satisfaction with regard to communication with members	1.000	.868
Satisfaction with regard to working hours	1.000	.872
Satisfaction with regard to saving scheme of the society	1.000	.976
Satisfaction with regard to election procedure adopted by the society	1.000	.898

Satisfaction with regard to quality of workmanship	1.000	.709
Satisfaction with regard to decision making of board	1.000	.804
Satisfaction with regard to location of the society	1.000	.760
Satisfaction with regard to location of the society	1.000	.888
Satisfaction with regard to business operations carried out by the society	1.000	.774
Satisfaction with regard to co-operation among employees	1.000	.824
Satisfaction with regard to political participation	1.000	.659
Satisfaction with regard to grievance handling system	1.000	.632

Fonte: Dados do inquérito

O quadro 10 mostra claramente os valores das comunalidades de extração para cada variável que representa a satisfação dos membros com o funcionamento das sociedades cooperativas de comercialização. O quadro mostra que, segundo os membros das sociedades cooperativas de comercialização, o valor de extração mais elevado para o fator "Satisfação em relação ao plano de poupança da sociedade" é de 0,976. O valor de extração mais baixo para o fator Satisfação em relação ao sistema de tratamento de queixas foi de 0,635.

Quadro 11

Variância total explicada

Component	Initial Eigenvalues[a]			Extraction Sums of Squared Loadings			Rotation Sums of Squared Loadings		
	Total	% of Variance	Cumulative %	Total	% of Variance	Cumulative %	Total	% of Variance	Cumulative %

Satisfaction regarding to the improvement in standard of living	6.320	29.261	29.261	3.680	28.309	28.309	3.373	25.946	25.946
Satisfaction with regard to communication with members	4.180	19.354	48.615	2.340	17.997	46.307	2.036	15.662	41.608
Satisfaction with regard to working hours	2.784	12.890	61.505	1.820	14.001	60.307	2.014	15.494	57.102
Satisfaction with regard to saving scheme of the society	2.593	12.007	73.512	1.474	11.337	71.645	1.585	12.189	69.291
Satisfaction with regard to election procedure adopted by the society	1.813	8.393	81.905	1.112	8.558	80.202	1.418	10.911	80.202
Satisfaction with regard to quality of workmanship	1.184	5.480	87.385						
Satisfaction with regard to decision making of board	.874	4.045	91.430						
Satisfaction with regard to location of the society	.525	2.429	93.858						
Satisfaction with regard to location of the society	.468	2.165	96.023						

Satisfaction with regard to business operations carried out by the society	.351	1.624	97.647						
Satisfaction with regard to co-operation among employees	.278	1.285	98.932						
Satisfaction with regard to political participation	.151	.697	99.629						
Satisfaction with regard to grievance handling system	.080	.371	100.000						

Fonte: Dados do inquérito

A variância total explicada indica a quantidade de variabilidade que foi modelada pelos factores extraídos dos dados. O quadro acima indica os factores com valores de eigen superiores a um. Há cinco factores derivados da análise. A percentagem cumulativa obtida a partir das Somas de Extração de Cargas Quadradas indica que, com a ajuda de apenas um fator extraído, é possível explicar 28,3 por cento da variância. Se for considerado o segundo fator, é possível identificar 17,9 por cento da variância. Quando se considera o terceiro fator, é possível explicar 14,0 por cento da variância. . Se for considerado o quarto fator, é possível identificar 11,3 por cento da variância. Quando se considera o quinto fator, é possível explicar 8,5 por cento da variância.

Quadro 12

Matriz de componentes

Factors	Component				
	1	2	3	4	5

Satisfaction regarding to the improvement in standard of living	.155	.272	.108	-.104	.801
Satisfaction with regard to communication with members	.478	.263	.298	-.407	-.563
Satisfaction with regard to working hours	.848	.187	-.262	-.130	.182
Satisfaction with regard to saving scheme of the society	-.119	.067	-.002	.976	-.070
Satisfaction with regard to election procedure adopted by the society	.177	.918	-.004	-.153	-.026
Satisfaction with regard to quality of workmanship	.637	-.233	.469	-.163	-.053
Satisfaction with regard to decision making of board	-.030	.723	-.306	.353	.250
Satisfaction with regard to location of the society	.825	.273	-.026	-.064	-.015
Satisfaction with regard to location of the society	.860	.008	.323	-.141	.154
Satisfaction with regard to business operations carried out by the society	.715	-.189	-.084	.461	-.091
Satisfaction with regard to co-operation among employees	-.020	.435	.757	.114	.219
Satisfaction with regard to political participation	-.137	.188	-.574	.095	-.516
Satisfaction with regard to grievance handling system	-.020	-.314	.718	-.079	-.103

Fonte: Dados do inquérito

O quadro 12 ilustra os cinco componentes extraídos pela matriz de componentes rodados. É evidente que a correlação relativa entre os factores varia de forma intercambiável. Através desta análise, as variáveis inter-relacionadas são agrupadas num único fator. O quadro 12 indica claramente os pormenores relativos ao agrupamento dos factores. Todos os grupos satisfazem as condições do modelo de componentes de Singh e Sharma (1999). Os componentes são: trabalho concreto, trabalho abstrato, crescimento psicossocial, económico e comunitário.

Quadro 13

Classificação dos componentes em factores

Factors	Value
Job Concrete	
Satisfaction with regard to communication with members	.478
Satisfaction with regard to working hours	.848
Satisfaction with regard to quality of workmanship	.637
Satisfaction with regard to location of the society	.825
Satisfaction with regard to location of the society	.860
Satisfaction with regard to business operations carried out by the society	.715
Job Abstract	
Satisfaction with regard to election procedure adopted by the society	.918
Satisfaction with regard to decision making of board	.723
Satisfaction with regard to political participation	.188
Psycho-Social	
Satisfaction with regard to co-operation among employees	.757
Satisfaction with regard to grievance handling system	.718
Economic	
Satisfaction with regard to saving scheme of the society	.976
Community Growth	
Satisfaction regarding to the improvement in standard of living	.801

Fonte: Dados do inquérito

Pode observar-se no quadro 13 que os factores como a satisfação em relação à comunicação com os membros, a satisfação em relação ao horário de trabalho, a satisfação em relação à qualidade do trabalho, a satisfação em relação à localização da sociedade, a satisfação em relação à localização da sociedade e a satisfação em relação às operações comerciais realizadas pela sociedade se inserem no âmbito do trabalho concreto. Do mesmo modo, factores como a satisfação em relação ao processo eleitoral adotado pela sociedade, a satisfação em relação à tomada de decisões do conselho de administração e a satisfação em relação à participação política fazem parte do trabalho abstrato. Os factores como a satisfação em relação à cooperação entre os trabalhadores e a satisfação em relação ao sistema de tratamento de queixas são considerados psicossociais e os factores como a satisfação em relação ao esquema de poupança da sociedade e a satisfação em relação à melhoria do nível de vida são considerados de crescimento económico e comunitário, respetivamente.

Quadro 14
Classificação por região

Region	Mean	SD	F	Sig.
Southern Region	3.28	0.2295		
Central Region	3.569	0.3363	38.196	0.000
Northern Region	3.516	0.1999		

Fonte: Dados do inquérito

A partir da classificação por região, pode inferir-se que a satisfação dos membros em relação às sociedades da região Centro é a mais elevada (valor médio de 3,516), a satisfação dos membros das sociedades da região Norte é moderada (valor médio de 3,516) e a satisfação dos membros das sociedades da região Centro (3,28) é a mais baixa. A fim de avaliar qualquer variação ocorrida nestas categorias, é utilizado o teste ANOVA. O nível de significância da ANOVA é de 0,000, abaixo do nível de significância. Por conseguinte, rejeita-se a hipótese nula de que não existe uma diferença significativa entre a satisfação dos membros e a classificação por região.

Inter-relações dos factores de satisfação dos membros com o patrocínio dos empregados

A fim de determinar o grau de relação existente entre a satisfação dos membros e o empenhamento dos trabalhadores, foi efectuada a análise de correlação de Pearson. O resultado é apresentado no Quadro 15.

Quadro 15
Inter-relações dos factores de satisfação dos membros com o patrocínio dos empregados

Factors	Affective Commitment	Continuance Commitment	Normative Commitment
Job Concrete	.321[**]	.129[*]	.107[*]
Job Abstract	.346[**]	.129[*]	.497[**]
Psycho-social	.346[**]	.107[*]	.497[**]
Economic	.258[**]	.131[*]	.437[**]
Community Growth	.481[**]	.285[**]	.373[**]
**. Correlation is significant at the 0.01 level (2-tailed).			
*. Correlation is significant at the 0.05 level (2-tailed).			

Fonte: Dados do inquérito

Observa-se no quadro acima que as três componentes do empenhamento dos trabalhadores nas sociedades cooperativas de comercialização estão positivamente correlacionadas com todos os factores de satisfação dos membros. As correlações são significativas aos níveis de significância de 0,01 e 0,05. A fim de encontrar relações entre os vários factores de satisfação dos membros e o empenhamento dos trabalhadores, procedeu-se a uma análise de regressão múltipla.

Relação entre a satisfação dos membros e o empenhamento afetivo dos trabalhadores

A fim de determinar as relações entre os vários factores de satisfação dos membros, como o trabalho concreto, o trabalho abstrato, o crescimento psicossocial, económico e comunitário, e o empenho afetivo dos trabalhadores, foi realizada uma análise de regressão múltipla. O empenho afetivo dos trabalhadores é a variável dependente e os diferentes factores de satisfação dos membros são a variável independente.

Quadro 16

Resumo do modelo de regressão

Model	R	R Square	Adjusted R Square	Std. Error of the Estimate	Durbin-Watson
1	.702[a]	.493	.483	.94836	1.927

Fonte: Dados do inquérito

A Tabela 16 apresenta o resumo do modelo de regressão. A tabela permite identificar que o R Squire do modelo de regressão é de 0,493. A partir do resultado, pode inferir-se que existe uma relação de 49,3 por cento entre as variáveis dependentes e independentes.

O valor de Durbin Watson é 1,927, o que é quase igual a 2,00, indicando que a variável dependente está isenta de correlação serial.

Quadro 17
ANOVA do Modelo de Regressão.

Model		Sum of Squares	df	Mean Square	F	Sig.
1	Regression	329.183	7	47.026	52.287	.000
	Residual	339.066	377	.899		
	Total	668.249	384			

Fonte: Dados do inquérito

O nível de significância dos valores F do modelo de regressão é de 0,000, abaixo do nível de significância, o que indica que os modelos são válidos para o estudo das relações entre os vários factores de satisfação dos membros e o empenho afetivo dos trabalhadores. Isto mostra claramente que o empenho afetivo dos trabalhadores controla os vários factores de satisfação dos membros.

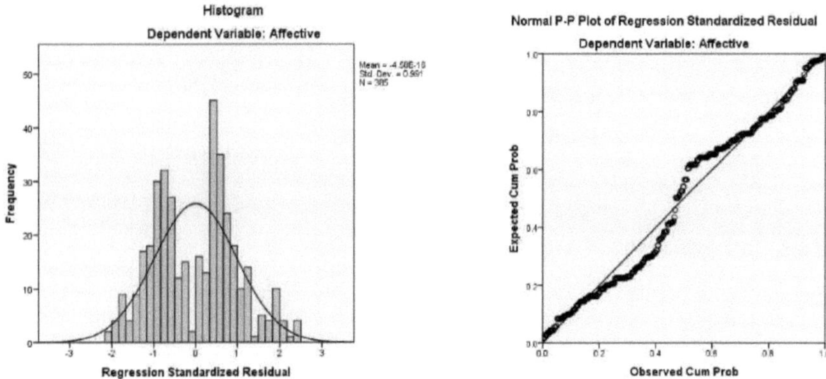

Figura n.º 1 Histograma dos resíduos normalizados da regressão e gráfico P-P dos resíduos normalizados da regressão

O histograma do resíduo normalizado da regressão apresentado na figura n.º 1 indica que a sua distribuição é quase normal e que a probabilidade cumulativa esperada sobre a probabilidade cumulativa observada se agrupa em torno da linha reta diagonal, como mostra a figura. Isto indica que os resíduos normalizados têm uma distribuição normal.

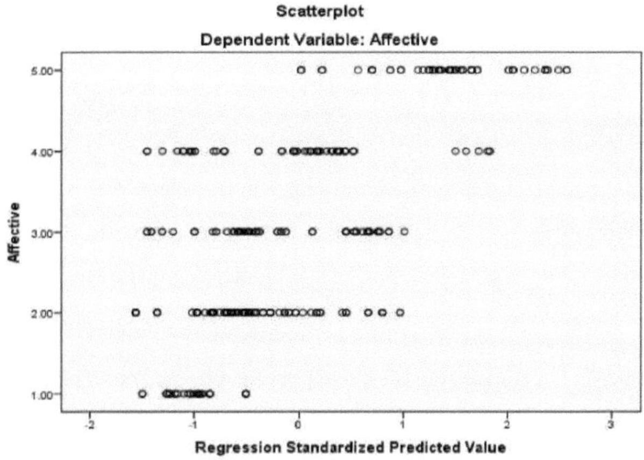

Figura n.º 2: Valor previsto normalizado da regressão sobre o empenhamento afetivo

O gráfico de dispersão do resíduo normalizado da regressão sobre o valor previsto normalizado da regressão não mostra qualquer padrão de concentração, tal como ilustrado na figura n.º 2.

Quadro 18

Co-eficiência do modelo de regressão

Model	Unstandardized Coefficients		Standardized Coefficients	t	Sig.	Collinearity Statistics	
	B	Std. Error	Beta			Tolerance	VIF
(Constant)	7.859	0.423		18.579	0		
1 Job Concrete	0.415	0.041	0.395	10.206	0	0.896	1.116
Job Abstract	0.289	0.051	0.251	5.693	0	0.69	1.449
Psycho-social	0.151	0.052	0.146	2.921	0.004	0.542	1.845
Economic	0.288	0.037	0.339	7.89	0	0.729	1.372
Community Growth	0.095	0.032	0.111	2.967	0.003	0.961	1.04

Fonte: Dados do inquérito

As estatísticas de colinearidade apresentadas no quadro 18 indicam que o VIF de todas as variáveis independentes é inferior a 10, o que indica a ausência de colinearidade entre as variáveis independentes. Para examinar os pesos beta apresentados no quadro supra, verifica-se que pontuações mais elevadas em trabalho concreto, trabalho abstrato e económico e pontuações mais baixas em crescimento psicossocial e comunitário estão associadas a pontuações elevadas de empenhamento afetivo.

A regressão múltipla dos factores de satisfação dos membros com o empenhamento afetivo revelou que os diferentes factores de satisfação dos membros são também preditores pertinentes do empenhamento afetivo. Por conseguinte, rejeita-se a hipótese de que o empenhamento afetivo dos trabalhadores não tem qualquer relação com o seu nível de satisfação dos membros.

Relação entre a satisfação dos membros e o compromisso de continuidade dos empregados

A fim de determinar as relações entre os diferentes factores de satisfação dos membros, como o trabalho concreto, o trabalho abstrato, o crescimento psicossocial, económico e comunitário, e o empenhamento dos trabalhadores, foi realizada uma análise de regressão múltipla. O empenho continuado dos trabalhadores é a variável dependente e os diferentes factores de satisfação dos membros são a variável independente.

Quadro 19

Resumo do modelo de regressão

Model	R	R Square	Adjusted R Square	Std. Error of the Estimate	Durbin-Watson
1	.674[a]	.454	.444	.85671	2.098

Fonte: Dados do inquérito

A Tabela 19 apresenta o resumo do modelo de regressão. A partir da tabela, pode identificar-se que o R Squire do modelo de regressão é de 0,454. A partir do resultado, pode inferir-se que existe uma relação de 45,4% entre as variáveis dependentes e independentes. O valor de Durbin Watson é de 2,098, o que é superior a 2,00, indicando que a variável dependente está isenta de correlação serial.

Tabela 20

ANOVA do Modelo de Regressão.

Model		Sum of Squares	df	Mean Square	F	Sig.
1	Regression	229.983	7	32.855	44.764	.000
	Residual	276.703	377	.734		
	Total	506.686	384			

Fonte: Dados do inquérito

O nível de significância dos valores F do modelo de regressão é de 0,000, abaixo do nível de significância, o que indica que os modelos são válidos para estudar as relações entre os vários factores de satisfação dos membros e o empenho contínuo dos trabalhadores. Isto mostra claramente que o empenho contínuo dos trabalhadores controla os vários factores de satisfação dos membros.

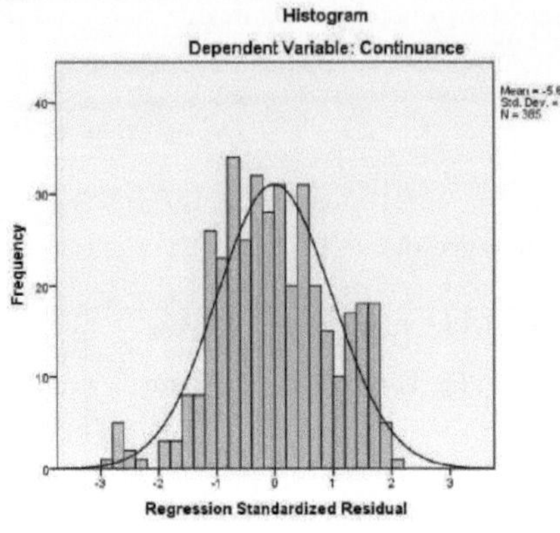
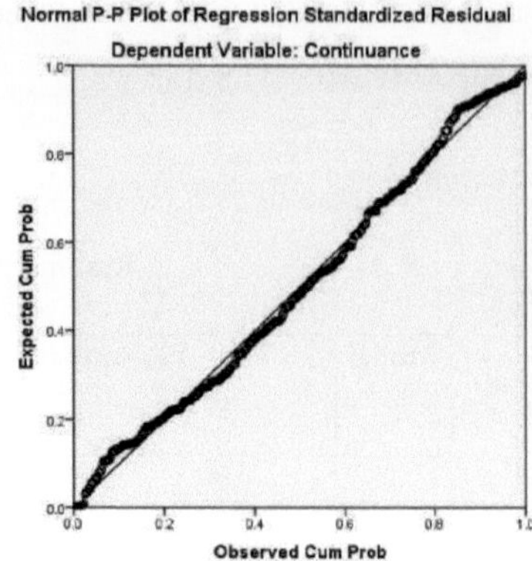

Figura n.º 3 Histograma de resíduos normalizados da regressão e gráfico P-P dos resíduos normalizados da regressão

O histograma do resíduo normalizado da regressão apresentado na figura n.º 3 indica que a sua distribuição é quase normal e que a probabilidade cumulativa esperada sobre a probabilidade cumulativa observada se agrupa em torno da linha reta diagonal, como mostra a figura. Isto indica que os resíduos normalizados têm uma distribuição normal.

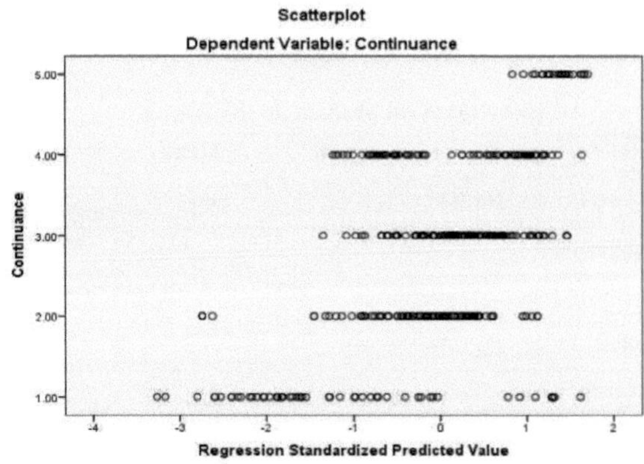

Figura N.º 4 Valor previsto normalizado da regressão sobre o empenhamento afetivo

O gráfico de dispersão do resíduo normalizado da regressão sobre o valor previsto normalizado da regressão não mostra qualquer padrão de concentração, tal como ilustrado na figura n.º 4. 4.

Quadro 21

Co-eficiência do modelo de regressão

Model	Unstandardized Coefficients		Standardized Coefficients	t	Sig.	Collinearity Statistics	
	B	Std. Error	Beta			Tolerance	VIF
1 (Constant)	7.143	0.73		9.784	0		
Job Concrete	0.442	0.045	0.49	9.787	0	0.578	1.731
Job Abstract	0.214	0.041	0.289	5.203	0	0.469	2.13
Psycho-social	0.29	0.049	0.369	5.943	0	0.375	2.664
Economic	0.265	0.047	0.291	5.606	0	0.539	1.854
Community Growth	0.477	0.084	0.248	5.686	0	0.764	1.309

Fonte: Dados do inquérito

As estatísticas de colinearidade apresentadas no quadro 21 indicam que o VIF de todas as variáveis independentes, exceto duas, é inferior a 10, o que indica a ausência de colinearidade entre as variáveis independentes. Para examinar os pesos beta apresentados no quadro supra, verifica-se que pontuações mais elevadas em termos de trabalho concreto, trabalho abstrato, crescimento psicossocial, económico e comunitário estão associadas a pontuações elevadas de empenho continuado.

A regressão múltipla dos factores de satisfação dos membros com o empenho continuado revelou que os diferentes factores de satisfação dos membros são também os preditores pertinentes do empenho continuado. Por conseguinte, rejeita-se a hipótese de que o empenhamento contínuo dos trabalhadores não tem qualquer relação com o seu nível de satisfação dos membros.

Relação entre a satisfação dos membros e o compromisso normativo dos empregados

Para determinar as relações entre os vários factores de satisfação dos membros, como o trabalho concreto, o trabalho abstrato, o crescimento psicossocial, económico e comunitário, e o empenho normativo dos empregados, foi realizada uma análise de regressão múltipla. O empenhamento normativo dos trabalhadores é a variável dependente e os vários factores de satisfação dos membros são a variável independente.

Quadro 22

Resumo do modelo de regressão

Model	R	R Square	Adjusted R Square	Std. Error of the Estimate	Durbin-Watson
1	.697[a]	.486	.477	.92203	1.342

Fonte: Dados do inquérito

A Tabela 22 apresenta o resumo do modelo de regressão. A tabela permite identificar que o R Squire do modelo de regressão é de 0,486. A partir do resultado, pode inferir-se que existe uma relação de 48,6 por cento entre as variáveis dependentes e independentes. O valor de Durbin Watson é 1,342, o que é quase igual a 2,00, indicando que a variável dependente está isenta de correlação serial.

Quadro 23

ANOVA do Modelo de Regressão.

Model		Sum of Squares	df	Mean Square	F	Sig.
	Regression	303.329	7	43.333	50.971	.000
1	Residual	320.505	377	.850		
	Total	623.834	384			

Fonte: Dados do inquérito

O nível de significância dos valores F do modelo de regressão é de 0,000, abaixo do nível de significância, o que indica que os modelos são válidos para o estudo das relações entre os vários factores de satisfação dos membros e o empenho normativo dos trabalhadores. Isto mostra claramente que o empenho normativo dos trabalhadores controla os vários factores de satisfação dos membros.

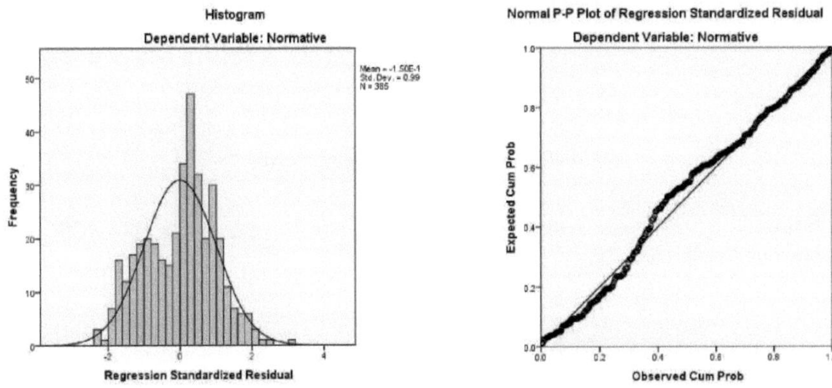

Figura n.º 5 Histograma de regressão do resíduo normalizado e gráfico P-P da regressão
Resíduos padronizados

O histograma do resíduo normalizado da regressão, apresentado na figura n.º 5, indica que a sua distribuição é quase normal e que a probabilidade cumulativa esperada e a probabilidade cumulativa observada se agrupam em torno da linha reta diagonal, como mostra a figura. Isto indica que os resíduos normalizados têm uma distribuição normal.

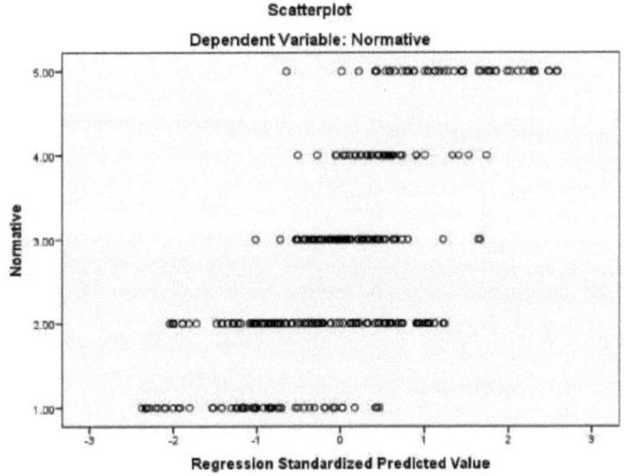

Figura n.º 6 Valor previsto normalizado da regressão sobre o empenhamento afetivo

O gráfico de dispersão do resíduo normalizado da regressão sobre o valor previsto

normalizado da regressão não mostra qualquer padrão de concentração, tal como ilustrado na figura
n.º 6. 6.

Quadro 24

Co-eficiência do modelo de regressão

Model		Unstandardized Coefficients		Standardized Coefficients	t	Sig.	Collinearity Statistics	
		B	Std. Error	Beta			Tolerance	VIF
1	(Constant)	1.412	0.643		2.194	0.029		
	Job Concrete	0.289	0.054	0.223	5.332	0	0.782	1.279
	Job Abstract	0.509	0.043	0.585	11.969	0	0.571	1.752
	Psycho-social	0.26	0.036	0.279	7.207	0	0.906	1.103
	Economic	0.243	0.052	0.24	4.675	0	0.518	1.929
	Community Growth	0.094	0.035	0.106	2.659	0.008	0.849	1.177

Fonte: Dados do inquérito

As estatísticas de colinearidade apresentadas no quadro 24 indicam que o VIF de todas as
variáveis independentes é inferior a 10, o que indica a ausência de colinearidade entre as variáveis
independentes. A fim de examinar os pesos beta apresentados no quadro supra, verifica-se que
pontuações mais elevadas em trabalho concreto, trabalho abstrato, psicossocial e económico e
pontuações mais baixas em crescimento comunitário estão associadas a pontuações elevadas de
empenhamento normativo.

A regressão múltipla dos factores de satisfação dos membros com o empenhamento
normativo revelou que os diferentes factores de satisfação dos membros são também os preditores
pertinentes do empenhamento normativo. Por conseguinte, é rejeitada a hipótese de que o
empenhamento normativo dos trabalhadores não tem qualquer relação com o seu nível de satisfação
dos membros.

Capítulo 5

Conclusão

Introdução

A comercialização cooperativa é a comercialização para os produtores e pelos produtores, que tem por objetivo eliminar a cadeia de intermediários que operam entre o produtor e o consumidor final, assegurando assim o preço máximo para os seus produtos.

Neste estudo, procurou-se avaliar o empenhamento dos trabalhadores nas sociedades cooperativas de comercialização, a satisfação dos membros das sociedades cooperativas de comercialização e, finalmente, a relação entre o empenhamento dos trabalhadores e a satisfação dos membros. O estudo baseia-se na hipótese nula de que não há diferença significativa entre o empenhamento dos trabalhadores e a classificação por região, de que não há diferença significativa entre a satisfação dos membros e a classificação por região, de que não há significância entre o empenhamento afetivo e a satisfação dos membros, de que não há significância entre o empenhamento contínuo e a satisfação dos membros e, finalmente, de que não há significância entre o empenhamento normativo e a satisfação dos membros.

O presente estudo foi efectuado principalmente com base em fontes de dados primárias. Além disso, foram recolhidos dados históricos e informações estatísticas sobre a situação atual das sociedades cooperativas de comercialização através de fontes secundárias. Os dados primários foram recolhidos junto dos inquiridos através do método de entrevista. Os dados secundários também foram recolhidos de livros didácticos, revistas, jornais e publicações da Sate Co-operative Union.

A análise dos dados foi efectuada com a ajuda do SPSS versão 23. A estatística descritiva, a estatística inferencial como o teste t, a ANOVA, a correlação e a análise de regressão foram as principais ferramentas estatísticas utilizadas neste estudo.

O primeiro capítulo é a Introdução. Este estudo foi formulado após uma extensa revisão de 30 literaturas relacionadas. A literatura revista foi apresentada no segundo capítulo. O terceiro capítulo trata de uma visão global das sociedades cooperativas de comercialização. O capítulo quatro trata da análise e discussão dos dados. O capítulo cinco é dedicado à conclusão.

6.2 Conclusões

1. O valor médio mais elevado atribuído pelos trabalhadores às variáveis de compromisso é o de

transmitir conhecimentos sobre a utilização de métodos modernos (4,795), seguido de garantir a qualidade dos bens fornecidos (4,416), manter a ligação entre os primários e o topo (3,909), propagar os valores e princípios da cooperativa entre os membros (3.327), reduzir os custos operacionais ao mínimo (3,223), manter uma comunicação adequada com os membros (3,099), comunicar as queixas dos trabalhadores à direção no momento certo (2,829) e os trabalhadores tomam a iniciativa de trabalhar para a sociedade como se fossem seus (2,694). As variações em termos de opinião em todas as variáveis parecem ser de 0,000, abaixo do nível de significância quando o teste t é aplicado.

2. O valor de extração mais elevado para o fator reduzir os custos operacionais ao mínimo foi de 0,878. O valor de extração mais baixo para o fator propagação dos valores e princípios cooperativos entre os membros foi de 0,560.

3. Factores como a manutenção de uma comunicação adequada com os membros, a comunicação atempada das queixas dos trabalhadores ao conselho de administração, a tomada de iniciativa dos trabalhadores para trabalharem com a sociedade como se fossem seus e a propagação dos valores e princípios cooperativos entre os membros fazem parte do principal fator de empenhamento afetivo. Do mesmo modo, factores como a garantia da qualidade dos bens fornecidos e a transmissão de conhecimentos sobre a utilização de métodos modernos são abrangidos pelo segundo fator principal, o compromisso de continuidade. Os restantes factores, como a redução dos custos operacionais ao mínimo e a manutenção da ligação entre os níveis primário e superior, são abrangidos pelo terceiro fator principal, o compromisso normativo. Os factores de valor elevado e de valor reduzido são abrangidos pelo compromisso normativo.

4. A partir da classificação por região, pode inferir-se que o empenhamento dos trabalhadores em relação às sociedades na região Centro é o mais elevado (valor médio de 3,571), o empenhamento dos trabalhadores em relação às sociedades na região Sul é moderado (valor médio de 3,513) e o empenhamento dos trabalhadores em relação às sociedades na região Norte (3,278) é o mais baixo. A fim de avaliar qualquer variação ocorrida nestas categorias, é utilizado o teste ANOVA. O nível de significância da ANOVA é de 0,000, ou seja, abaixo do nível de significância. Por conseguinte, rejeita-se a hipótese nula de que não existe uma diferença significativa entre o empenhamento dos trabalhadores e a classificação por região.

5. A satisfação em relação ao processo eleitoral adotado pela sociedade é a mais elevada (a pontuação média é de 4,184), seguida da satisfação em relação à melhoria do nível de vida (4,065), da satisfação em relação ao sistema de tratamento de queixas (3,803), da satisfação em relação à qualidade do trabalho (3,652), da satisfação em relação à cooperação entre os empregados (3,618), da satisfação em relação à localização da sociedade (3.538), satisfação em relação ao plano de poupança

da sociedade (3,434), satisfação em relação ao horário de trabalho (384), satisfação em relação à participação política (3,294), satisfação em relação à tomada de decisões do conselho de administração (3,182), satisfação em relação às operações comerciais efectuadas pela sociedade (3,000), satisfação em relação à comunicação com os membros (2,777) e satisfação em relação à localização da sociedade (2,610). As variações em termos de opinião relativamente a todas as variáveis parecem ser de 0,000, abaixo do nível de significância quando se aplica o teste t.

6. De acordo com os membros das sociedades cooperativas de comercialização, o valor de extração mais elevado para o fator "Satisfação em relação ao plano de poupança da sociedade" foi de 0,976. O valor de extração mais baixo para o fator Satisfação em relação ao sistema de tratamento de queixas foi de 0,635.

7. Os factores como a satisfação em relação à comunicação com os membros, a satisfação em relação ao horário de trabalho, a satisfação em relação à qualidade do trabalho, a satisfação em relação à localização da sociedade, a satisfação em relação à localização da sociedade e a satisfação em relação às operações comerciais realizadas pela sociedade são considerados factores concretos. Do mesmo modo, factores como a satisfação em relação ao processo eleitoral adotado pela sociedade, a satisfação em relação à tomada de decisões do conselho de administração e a satisfação em relação à participação política fazem parte do trabalho abstrato. Os factores como a satisfação em relação à cooperação entre os trabalhadores e a satisfação em relação ao sistema de tratamento de queixas são considerados psicossociais e os factores como a satisfação em relação ao esquema de poupança da sociedade e a satisfação em relação à melhoria do nível de vida são considerados de crescimento económico e comunitário, respetivamente.

8. A partir da classificação por região, pode inferir-se que a satisfação dos membros em relação às sociedades da região Centro é a mais elevada (valor médio de 3,516), a satisfação dos membros das sociedades da região Norte é moderada (valor médio de 3,516) e a satisfação dos membros das sociedades da região Centro (3,28) é a mais baixa. A fim de avaliar qualquer variação ocorrida nestas categorias, é utilizado o teste ANOVA. O nível de significância da ANOVA é de 0,000, abaixo do nível de significância. Por conseguinte, rejeita-se a hipótese nula de que não existe uma diferença significativa entre a satisfação dos membros e a classificação por região.

9. As três componentes do empenhamento dos trabalhadores nas sociedades cooperativas de comercialização estão positivamente correlacionadas com todos os factores de satisfação dos membros. As correlações são significativas aos níveis de significância de 0,01 e 0,05.

10. A regressão múltipla dos factores de satisfação dos membros com o empenhamento afetivo revelou que os diferentes factores de satisfação dos membros são também preditores pertinentes do

empenhamento afetivo. Por conseguinte, rejeita-se a hipótese de que o empenhamento afetivo dos trabalhadores não tem qualquer relação com o seu nível de satisfação dos membros.

11. A regressão múltipla dos factores de satisfação dos membros com o empenho continuado revelou que os diferentes factores de satisfação dos membros são também os preditores pertinentes do empenho continuado. Por conseguinte, rejeita-se a hipótese de que o empenhamento contínuo dos trabalhadores não tem qualquer relação com o seu nível de satisfação dos membros.

12. A regressão múltipla dos factores de satisfação dos membros com o empenhamento normativo revelou que os diferentes factores de satisfação dos membros são também os preditores pertinentes do empenhamento normativo. Por conseguinte, é rejeitada a hipótese de que o empenhamento normativo dos trabalhadores não tem qualquer relação com o seu nível de satisfação dos membros.

Sugestões

Para que as sociedades cooperativas de comercialização possam realizar actividades variadas e alargar os serviços, devem ser tomadas medidas para profissionalizar a sua gestão através da nomeação de pessoal com as qualificações exigidas e da prestação da formação necessária. Devem ser estabelecidas ligações efectivas entre as instituições nacionais e as instituições internacionais. Isto ajudará a alargar a sua comercialização a nível internacional e também a compreender, adotar e aplicar as suas estratégias adequadas no domínio da formação e da investigação. A fim de aumentar a satisfação dos membros, os empregados que trabalham nas sociedades cooperativas de comercialização deveriam trabalhar com a sociedade como se fosse sua.

Sugestões para investigação futura

1. Estudos comparativos sobre sociedades cooperativas gerais de marketing bem sucedidas e não bem sucedidas.

2. Extinção, fusão e incorporação de sociedades cooperativas gerais de comercialização.

3. Sociedades cooperativas especiais de comercialização versus sociedades cooperativas gerais de comercialização.

4. Manutenção de informações actualizadas sobre indicadores importantes, como os excedentes comercializáveis, os níveis e as tendências dos preços.

5. Estudo do impacto de vários programas de melhoramento no desenvolvimento das sociedades cooperativas gerais de comercialização.

Conclusão

Uma sociedade cooperativa de comercialização só será forte e eficaz se o pessoal que nela trabalha for forte. Devido à fraqueza do pessoal das sociedades cooperativas de comercialização, estas não podem atingir o nível de desempenho esperado. A satisfação dos membros é o principal objetivo das sociedades cooperativas de comercialização. A satisfação dos membros é possível através de um melhor desempenho dos empregados que trabalham nas sociedades cooperativas de comercialização. O estudo revela que o empenhamento afetivo, contínuo e normativo dos trabalhadores das sociedades cooperativas de comercialização tem uma relação significativa com vários factores de satisfação dos membros, nomeadamente o trabalho concreto, o trabalho abstrato, o crescimento psicossocial, económico e comunitário.

Referências

1. Alema Woldemariam Atsbaha. (2008). Análise do Papel das Cooperativas na Comercialização de Insumos e Produtos Agrícolas na Zona Sul de Tigray, Etiópia. Dissertação de Mestrado, apresentada à Escola de Estudos Graduados. Universidade de Mekelle.

2. Anil Kumar Soni e Dharmender Singh (2013). Um estudo sobre o marketing cooperativo com referência à Chhattisgarh Markfed Ltd. Revista Internacional de Investigação e Desenvolvimento em Gestão de Vendas e Marketing (IJSMMRD) Vol.3, março, PP.35-44.

3. Asthana. M.S. (1967). Co-operative Agricultural Marketing Development during Third Plan Period. Financial Express.

4. Baidyanath Misra. (1997). Co-operative Movement in India (Movimento Cooperativo na Índia). Nova Deli: A.P.H. Publishing Corporation.

5. Bekele e Pillai. (2010). Training Needs of Members in Co-operative Dairy Marketing in Ethiopia (Necessidades de Formação dos Membros na Comercialização Cooperativa de Lacticínios na Etiópia). Jornal Africano de Investigação Agrícola Vol. 6(2), pp. 488-507.

6. Bruce Reynolds. (1994). Cooperative Marketing Agencies-in-Common, United States Department of Agriculture- ACS Research Report. Revista Farmer Cooperative.

7. Deepak Shah. (2007). Eficiência da Gestão de Marketing das Cooperativas Rurais na Era da Globalização: A Synthesis of Case Studies of F&V Marketing. MPRA (Arquivo Pessoal RePEc de Munique). Documento n.º 3853.

8. Demeke Tilahun. (2007). Desempenho das Cooperativas de Comercialização de Café e Satisfação dos Membros no Distrito de Dale, Sul da Etiópia. Tese de Mestrado, apresentada à Universidade de Haramaya.

9. Divakar Jha. (1997). A Perspective on Co-operative Marketing. Nova Deli: Vikas Publishing House Pvt Ltd.

10. Eldon Eversull. E. (1999). Abastecimento das explorações agrícolas locais, tendências financeiras das cooperativas de comercialização: Changes in the 1990s. United States Department of Agriculture-Rural Business Cooperative Service Research Report 171 - Farmer Cooperative Magazine.

11. Gladstone Joy.N.(2006). A Study on the role of State Palmgur and Fibre Marketing Co-operative Federation on promoting Palmgur Industry in Tamil Nadu. Tese apresentada à Universidade de Kerala.

12. Goel, B.B. (2001). Re-inventing co-operatives, A 21st Century vision. Nova Deli: Deep & Deep Publications Pvt Ltd.

13. Goel.B.B. (2001). Re-investing co-operatives, A 21st Century vision. Nova Deli: Deep & Deep Publications Pvt Ltd. P.188 - 198.

14. Harshit Sinha. (2012). The Role of NAFED in the Agricultural Development in India (O papel do NAFED no desenvolvimento agrícola na Índia). VSRD International Journal of Business & Management Research, Vol. 2 (9), PP.476-487.

15. John Reilly. (1992.) Cooperative Marketing Agreements: Legal Considerations. Departamento de Agricultura dos Estados Unidos - Relatório de Pesquisa ACS 106. Farmer Cooperative Magazine.

16. Kamat, GS. (1974). Marketing the Co-operative Way. Poona: Harshad Prakashan.

17. Kapde, M.V. (1979). Economics of Marketing Co-operatives. Nova Deli: National Publishing House.

18. Kapde.M.V.(1979). Economics of Marketing Co-operatives. Nova Deli: National Publishing House.

19. Karunakaran,R. (2010). Socio-economic impacts of co-operative movement in rural areas (Impactos socioeconómicos do movimento cooperativo nas zonas rurais). Delhi: Abhijeeth Publications.

20. Khursheed Ahmad Mahajan. (1993). Co-operative Marketing. Nova Deli: Anmol Publications Pvt Ltd.

21. Krishna Aiyer e Shyam Narayan. (1980). Co-operative Marketing in Kerala. Financial Express.

22. Kulkarni. N.S. (1968). Co-operative Marketing. Financial Express.

23. Lumane Pluviose Claude e Cathy Smith. (1992). Net Income Effects of Cooperative Peanut Marketing in Haiti - Journal of Agricultural Cooperation.

24. Malyadri. V. (1972). Of Marketing Co-operatives in the Fifth Plan. Expresso Financeiro.

25. Marc Warman. (1994). Cooperative Grain Marketing: Changes, Issues, and Alternatives. United States Department of Agriculture- Agricultural Co-operative Service Research Report 123. Revista Farmer Cooperative.

26. Mathur B.S. (1967). Co-operative Marketing: Progress and Problems. Economic Times.

27. Navin Chandra Joshi. (1977). Revitalização do marketing cooperativo. Financial Express.

28. Padmini, E.V.K. e Thomas, K.T. (1990) Agency Choice for the Marketing of Copra - A Study of the Kuttanadu Co-operative Marketing Society Ltd. Indian Co-operative Review, Vol.XXVIII, No.1, PP.62-79.

29. Pratab Bapuso Lad. (2013). Papel das sociedades cooperativas de marketing em produtos agrícolas em Maharashtra. Pensamentos de investigação dourados. volume 2, número 8.

30. Pritam Sing. (1974). Failure of Farm Co-operative Marketing Societies: A Case Study in

Punjab. Economic Times.

31. Rais Ahmad e Ali Ghufran. (2004). Problems and Prospect of Agricultural Marketing Co-operatives of U.P. The Cooperator, Vol.41, No.12. PP. 495-498.

32. Rajan Kasyap. (1982). MARKFED (The Punjab State Co-operative Supply and Marketing Federation) and Green Revolution. States Man.

33. Seetha Naik. (2013) Inquérito ao comprador a granel em HOPCOMS - Estudo comparativo em quatro distritos de Karnataka. International Journal of Management (IJM), Vol.4, Issue. 6.

34. Sunil Varghese. (2012). Desafios e Oportunidades do Marketing Cooperativo com Respeito aos Pequenos Produtores de Borracha em Kerala. IOSR Journal of Business and Management (IOSRJBM). Volume 3, Número 6, PP 37-39.

35. Taimni, K.K. (1979). Training and Development of Human Resources in Cooperatives. Nova Deli: Sarin Brothers.

36. Therasa Thompson Chaudhry. (2011). Prospect for Co-operative Marketing among Surgical Instruments Producers in Pakistan [Perspetiva de marketing cooperativo entre produtores de instrumentos cirúrgicos no Paquistão]. The Lahore Journal of Economics. pp. 1-22.

37. Tivari, S.C. e George, M.G. (1971). Marketing of Agricultural Produce through Co-operative Marketing Societies - An Opinion Survey. Indian Co-operative Review, Vol.VIII, No.2, PP.206-215.

38. Tiwari. R.G. (1978). New Look at Co-operative Marketing. Times of India.

39. Vaikunth Mehta. (1964). Co-operative Marketing: A Lacuna in the Movement. Financial Express.

40. Vasant Desai. (1976). Agricultural Development A Case Study. Bombay: Bombay Popular Prakashan.

41. Xiangyu Guo, Brian Henehan, e Todd Schmit. (2007). Rural Supply and Marketing Cooperatives in China: Historical Development, Problems and Reform. Documento apresentado em: Reunião Anual de 2007 NCERA-194.

Buy your books fast and straightforward online - at one of world's fastest growing online book stores! Environmentally sound due to Print-on-Demand technologies.

Buy your books online at
www.morebooks.shop

Compre os seus livros mais rápido e diretamente na internet, em uma das livrarias on-line com o maior crescimento no mundo! Produção que protege o meio ambiente através das tecnologias de impressão sob demanda.

Compre os seus livros on-line em
www.morebooks.shop

Printed by Books on Demand GmbH, Norderstedt / Germany